徐旭生文集

第二册

中華書局

猛進時評

目　録

難道説這樣就是革命的平民政府麼?①

段祺瑞乘直系的失政,奮然而起,大吹大擂地以革命的平民政府相號召,我們鑒於他已往的成績,就不敢大有所希望。然而"士别三日,即當刮目相看",我們又何敢妄度君子之心?也只好看看再説。他現在進京已經三個多月,對於自己的人,就是争地盤,比方説盧永祥之到江蘇;對於其他的人,就是分配地盤,比方説,馮玉祥之西北督辦,孫岳之剿匪總司令,以及其他等類。我們敢説他除了這兩件事情以外,别的無論什麽少重要一點的事情全没有辦。我們現在並不敢唱什麽高調,希望他有什麽樣的大成績,對於他這樣的争奪地盤,分配地盤,也還未②敢深責。然而除了這兩件事情,别的無論什麽事情全没有作,難道説革命的平民政府應該是這樣的麽?

然而"卑之無甚高論",他不能積極地造福於民國,如果消極

①編者注:本文原刊猛進1925年3月6日第1期,署名徐炳昶。

②編者注:"未",原誤作"末"。

地不禍國殃民,也還罷了。然而我們舉目一看,那一件不是令人生氣的事?民國元二年的時候,鴉片幾乎肅清了。陸建章在陝西勸種鴉片的時候,鴉片烟子幾乎找不出。自有萬死不足蔽辜的袁世凱,縱容武人,鴉片又大猖獗。然而它無論怎麽樣的猖獗,明目張[1]膽開禁的話,還没有人敢説。現在好了,堂堂的内務總長,竟提議鴉片公賣了,宣傳鴉片公賣的李黄海竟作了善後會議的專門委員了(見京報二月二十六號的專論),袁世凱所不敢作底事,現在要張明旗鼓地作出來了。地球萬國所恐怕底毒藥,將以中國爲逋逃藪了。難道説革命的平民政府就應該這樣作麽?

張勛復辟以後,非牛非馬的優待條件,早應該廢止了。因段祺瑞的忠於故君,而優待條件又綿延若干年。這一次臨時攝政,毅然改訂,雖然辦法有許多不澈底的地方,總不能不説是差强人意的事情。段祺瑞來了,就想恢復舊優待條件,因各方形勢的格禁,未能實行,然而終究將恢復平民的溥儀放到日本使館去作皇帝去了。——有上書房,有軍機處,這不是作皇帝是作什麽?——溥儀遷入日本使館,是已自外於中華國民,如果在歐美各國,一定是 mettre hors de loi(放之法律保護之外,换一句話説,就是格殺無論)。在我們中國,不惟没人理會,並且堂堂的内務總長還要奉命惟謹地去清宫去取貂皮幾百件,清室善後委員會也就太爲隨便,狠小心地給他,他就押錢數萬以豢養他那些"犬馬"的遺老。現在溥儀又要逃到日本去了。他將來雖然不見得能給民國一種致命傷,總要成民國的一種附骨疽。不顧國家的利害,

[1]編者注:"張",原誤作"陳"。

獨對於犬馬的遺老奉命惟謹,難道說革命的平民政府就應該這樣作的麽?

都城的市政,本來要有一定的計畫,按步就班地去作,不能隨便亂來的。我國則市政公所、内務部,除了拆賣官物、拍賣官産以外,幾乎没有其他的事情。現在不惟皇城拆了——皇城也或者可拆,但爲便利交通,點綴成美麗寬廣的街道去拆則可,拆掉賣磚賣地,就是一件荒謬絶倫的事情。——並且聽説要將中華門裏面的空地改爲市場,先農壇又要劃爲模範住宅區域(見二月二十七日的晨報)。實在什麽改市場,什麽劃爲模範的住宅區域,全是些廢話。打開窗户説亮話,就是將這些關係歷史、關係都城公衆衛生的地方租出去,賃出去,换幾個錢罷了。如果這樣作下來,壇廟何不可以拆賣?壇廟内底樹木何不可以伐賣?古物古迹何不可以拍賣?數年之後,北京關於文化的東西即將毁滅無餘[1]。像這樣盗賣國産的事情,難道説革命的平民政府就應該是這樣作的麽?

革命!革命!平民!平民!世界上若干的罪惡藉你的名義以行!賣鴉片[2]!祖君主!賣國産!難道説革命的平民政府就是這樣!嗳!

①編者注:"餘",原誤作"除"。
②編者注:"片",原誤作"牙"。

這可有什麼辦法呢[①]

這幾年來,我們中國的政象幾乎達到山窮水盡的地位了。兵匪遍地,民不聊生。以言内政,則前兩年還是大軍閥專横時期,近幾年簡直成了小軍閥混亂時期;大軍閥的專横,固屬可惡,小軍閥的剥削,民間更無法忍受。以言外交,則因土匪的劫質僑民,軍人的强種鴉片,致我國在國際上的顔面,降等於零。以言教育,則現狀且難維持,遑言擴張。以言交通,則不惟無從擴充,就這幾條碩果僅存的鐵路也讓軍閥們鬧個亂七八糟。其他無論那一件事[②],全呈[③]混亂的狀態,我也説不了許多。人民獷野無識,政府號令不出國門。對於這樣的政象,可有什麼辦法呢?

民國五六年甚囂塵上的聯邦救國論,雖然含有一部分的真理,可是拿它當作救國的惟一良方,是絶對不能行的。這種理論

①編者注:本文原刊猛進 1925 年 3 月 6 日第 1 期,署名徐炳昶。
②編者注:"他",原誤作"條"。
③編者注:"呈",原誤作"逞"。

雖未完全實行,而在湖南總算已經小試。湖南憲法雖未能盡滿人意,而起草的時候,總算經過許多名人學者的考訂,就是執行的時候,執行的人也不見得完全没有善意。可是它的效果大家已經看見:兵不能裁,財政無法清理,其餘一切的庶政也就没有法子整頓。現在的政象不變而冒昧去講省憲,我敢相信就是製成比湖南憲法好十倍的憲法,歸結也仍是條文自條文,不能行仍是不能行,兵仍是那樣多,匪仍是那樣猖獗,政象仍是那樣混亂。倡聯邦救國的先生們,這可有什麽辦法呢?

吴佩孚武力統一失敗,段祺瑞組織執政府,想以善後會議解决時局。我們對於這樣的善後會議根本上就狠懷疑,可是它既然開了,也很願意看看它到場上端的玩什麽把戲。可是正式會議已經開了好多天,而正式的裁兵計畫,直到現在還没有一個人提出。河南胡憨衝突——實在是胡劉的衝突,善後會議無力制止,就是宣布它自已的破産。這些責任,段祺瑞及執政府人當然要負一大部分,然而我敢相信就是换一個人作執政,也未見得就好到那裏去。有些文人學者反對盧永祥帥奉軍南下,這種反對,我們也狠贊成,但是執政府的人一定要笑他們是書生之見,那也是有一部分的道理的。試想盧永祥不南下,如果孫傳芳竭力謀蘇,又將用何法制止?如曰彼違反民意,自當失敗,則中國的民意,儘多説,也不過消極上有點牽掣的能力,積極的制裁,是没有法實現的。如説違反民意以後,自可大張撻伐,然而執行撻伐的人還不是那幾個軍人?能比現在强多少?我也相信在後和在後究有不同,我所要説底,是執政府即使相信這幾位文人學者的話,中止盧永祥的南下,歸結也仍是没有辦法。括總説起,在現在情形之下,不廢督,不裁兵或化兵爲工,無論何人全没有一點法子。現在不要説這樣非牛非馬的善後會議不行,就是孫中山所主張底預備會議實現出來,用大多數的民意,議決廢督裁兵或化兵爲工的議案,恐怕將來還是議案自議案,不能實行還是不能實行。人人言廢督,誰也不肯先解甲歸田;人人言裁兵,全願先裁他人的兵,後裁自己的兵;化兵爲工比較容易實行,而政府號令不出國門,每一省中又四分五裂,今天勉强作工,明天又調去打仗,結果仍没有大不同的地方。現在我打開窗户説亮話:我個人相信現在非武力不能統一,而這樣的武力却萬不能統一。對於這樣的局面,可有什麽辦法呢?

然則既無辦法,就應該死心塌地,束手待斃麽?是又不然。凡無辦法全是没志氣的人説底話。天下没有無辦法的事情。可是大家如果全以爲無辦法,那可就真没有辦法了。然則我的辦法是什麽呢?我的辦法就是不靠這樣的武力去求統一,却靠民力以漸漸去統一。怎麽靠民力漸漸去統一呢?兹事話長,且聽下回分解。

Enthousiasme 應該譯成什麽字呢[①]

Enthousiasme 這一個法文字應該譯成什麽字，在我們中國實在是一件無法解決的問題。我查法華字典它譯的是感激、熱中、歡喜至極、非常歡喜、非常嘆賞等類，其實它的意思不惟不是感激，不是熱中，就是歡喜至極等類的字，也是徒爲冗長而意思仍未完備。我又查佛和辭典，它譯的仍是那幾個字，又多了"神托"一譯，其實"神托"一意，在字源上或與 enthousiasme 有點關係，在現在什麽也表現不出。它們既没有相當的譯法，我個人更找不出來，然則這個字應該怎麽樣譯呢？

環顧國内，並且上下千古，像這一類的感情，却似乎永遠没有見過，然則這一個字我們怎麽樣能譯呢？

歐戰終畢，法國勝利。那個時候，法國的詩人 Edmond Rostand 正在 Pyrenees 山裏面一個小城養病，他聽見德國請求停戰，

①編者注：本文原刊猛進 1925 年 3 月 6 日第 1 期，署名虛生。

知道巴黎要有熱烈的 manifestation(這個字近來中國人把它翻成示威的運動,其實它何嘗有示威的意思?),就要回到巴黎去參加。他的親戚朋友因爲他的病重,就竭力地勸阻他。但是這一位富於 enthousiasme 的詩人,無論怎麼勸全不行。歸結 manifestation 參加了,他的病更重了,不久就死了。像這一類的舉動,在我們這小心翼翼的中國人看起來,簡直是荒謬過倫。然則 enthousiasme 這個字我們有什麼法子翻它呢?

近來的群衆運動,在報紙上哄起來,真是"像煞有介事",實在在事前也不知道有多少屈折(我要説底是它自身的屈折,並不是外界的阻力,群衆的大運動,外界有阻力又算一件什麼事情呢?),在臨時也不知道有若干的勉强。我所親眼看見底裁兵運動,歡迎孫中山提燈會全是這樣勉强的,無生氣的。當時我就狠怪當事的人,既是他們不願意,又爲什麼一定勉强他們去作?然則在這樣的陰氣森森的社會中間,我們又怎麼樣能彀譯 enthousiasme 這一個字呢?

你無論怎麼樣説的天花亂墜,他總是味同嚼蠟。你無論怎麼樣説"此非常鴿,乃俗所言靼韃者也",他總是覺得"味亦殊無異處"(用聊齋誌異鴿異篇事)。然則在這樣死氣沈沈的社會中間,我們又有什麼法子來懂得 enthousiasme 這個字的意思呢?

我國談政治者必須認清的幾件事[1]

上一次我已經説過我們所主張底是用民漸漸地去統一,這一次本應該詳細講明這樣統一的方法了。可是還有幾件事,如果不預先辯論明白,大家一定還要疑惑欲求統一有其他更簡捷的方法,或看過我們的提案以後,要生出些誤會的地方,所以我今天不得不破一點工夫預先把這幾點説明一下子。

我國談政治的人第一件要記清楚的事情,是我國人的没有熱狂(我姑且把 enthousiasme 這個字譯作熱狂,可是我得聲明一句話,我所説底狂,是狂者"猶不可得"的狂,上面却没有"不得中行而與之"那句話)。這件事情本來是一件極可痛心的事情。但是談政治者却不能不留意於現實的情形。有熱狂的人民可以一舉而作極大的進步,没有熱狂的人民却非一步一趨不能得到真正的結果。由幾個人鼓吹起來的熱狂可以枝撑短時間,想成大事,却

---

①編者注:本文原刊猛進 1925 年 3 月 13 日第 2 期,署名徐炳昶。

萬萬不可能。我們也承認辛亥革命的時候,大家頗有熱氣,可是到民國二三年的時候,已經"再而衰,三而竭"了。比較法國大革命時代的熱狂,直到拿破侖的時候,還没有完全壓抑下去,彼此相較,何啻天淵。我們在這個死氣沈沈的時期,一方面自當竭盡我們微細的聲音,去吹嘘群衆,另外一方面,也只好就可能的限度裏面,漸漸地往前作以改良現狀。人民將來或能少有熱氣,那固然是我們馨香禱祝的事情,但是那恐怕是"俟河[①]之清,人壽幾何"了。所以我們開底方案,是斟酌現實情形所得底最安穩的方案,然而在我國的現在情形,恐怕是惟一的方案了。

但那第二件[②]要記清楚的事情,是在中國現時,無論那一個人,那一派人,或那一黨人想用武力統一,是萬不可能的。這句近幾年來已經成了口頭禪,似乎無庸再説。但是人人去説它,却人人不相信它。當權的軍閥固可無論。就是全國惟一的政黨——國民黨,試看他們近來所設施,是否已經消除武力統一的迷夢?胡景翼的想會師武漢,不全是胡景翼一部分人的野心,並且是國民黨一部分人的主張。這些事情,實在是全國皆知的"秘密",狠可以不必諱言。在未提出另外具體方法以前,我們對於國民黨這樣的計畫,全能諒解,因爲我們也是相信非武力不能統一的。但是想用武力統一,止有一法:就是把有同一理想的人——更具體地説,可以説有同一政治意見的人——聚在一起,更號召全國有同一理想的人,鼓勇前進,不假外力,纔能成建設的大業。這樣辦法,在有熱狂的人民裏邊,一鼓舞而響應者雲集,固屬簡捷不過。

---

①編者注:"河",原誤作"何",據左傳襄公八年改。
②編者注:"但那第二件",原誤作"第但那二件"。

可是我國現在的人士,全在懷疑的狀態,少有經驗者亮能知之,無庸贅述。所以我國在現在情形之下,想要此路走通,雖不是必不可能的,却一定是極難的。現在大家所走底路大約是這樣:把無同一政治意見的人,就暫時有共同的目標,在可能的限度裏面,聯合起來,漸漸地往前走。這樣辦法,並不是絶對地不能用,但是需要有分別。在破壞的時間裏面,此法完全可用,並且是應該那樣辦的。因爲不那樣辦,永遠無成功的希望,如果那樣辦,就是將來有新惡勢力替代舊惡勢力,成立未多日的惡勢力一定比根深柢固的惡勢力容易摇動。至於建設的時期,那可就要大不相同。如果有同一政治意見的人比其他的人勢力大,那時候還可以支配着他們,向前進行;如其不然,止好趕緊離開,培養自己的實力,如果不審度情勢,妄想藉他人的勢力,達自己的政治的目的,歸結一定被他人所利用,馴至身敗名裂而後已。現在我國民黨雖説在輿論上有一部分的勢力,可是我已經説過,我國人民,儘多説,不過消極上有一點牽掣的勢力,至於實在的力,遠不及軍閥的偉大。拿這樣的情勢,想去達到建設的目的,萬萬不能。我們雖説也信非武力不能統一,而總要説像這樣的武力却萬萬不能統一,也就是這個緣故。

第三件要知道的,就是用像現在善後會議這一類的辦法,想要解决時局,幾乎可以説在根本上就没有希望。這一類的辦法又可分爲二部分:(一)恐怕失志的人來擣亂,就用一種名目和乾薪縻羈着他們。比方説,前幾天陸軍部的恢復差遣、顧問等名目。(二)將未失志的人或其代表聚在一起,商量裁減他們的辦法。比方説,現在的善後會議。第一種不足以減少擣亂的分子,止足以增加他們。這也同將土匪編成正式軍隊而土匪愈多,全是一樣的道理。第二種真是"與虎謀皮"。如果與虎謀皮的時候,有一種中心的勢力,示之以情形勢的格禁,那或有幾希成功的希望。現在的段祺瑞,不過是一個老面子,除了那一點,實在的勢力可以説是等於零。但是如果他肯依靠民衆,就是暫時失敗,也還有補救的方法,可是他同他左右的人對於民治的精神,幾乎是完全不能諒解。就這樣聚絶無共同政治意見的人——更可以説聚本無政治意見,止有自私自利的意見的人於一堂,想得着良好的結果,我不曉得它的可能性在什麽地方。

總而言之,我國人近來看到武力統一的失敗,雖然暗地還是相信它,却不敢明目張[1]膽地去講它。所敢講底,止是善後會議一類的東西。殊不知道善後會議没有一個中心的勢力仍是無以善其後。一談到中心勢力,又怕有武力統一的嫌疑。扶植人民的武力以確定民治的基礎,那就是我們所要找的路徑。詳細計畫,留待下次再説。

①編者注:"張",原誤作"陳"。

我們應該怎麼樣對付王九齡呢?①

我不敢自行隱瞞,如果這一次教育界因爲反對王九齡長教育致有學業上的損失,我們國立八校的教職員是要負一部分的責任的。這句話是不是要説我們就不應該反對王九齡?一定不是。以全國皆知的烟犯並絶無教育經驗的人來長教育,如果隨便承認,則教育前途何堪設想。但反對王九齡,自有相當的時間的適宜的態度,教職員爲青年的師表,豈可以不自謹慎?當王氏長教育命令下來以後,大家查明他的經歷的時候,就應該堂堂正正,作一嚴重的反抗運動。即不然,當王氏來都的時候,也應該趕緊的表示。並且表示的形式,應該明明白白地告訴他説:我們反對你,一因爲你是烟犯,二因爲你没有教育上的經驗,第二條件已經取消了長教育的資格,况第一條件更爲嚴重,我們爲保教育界的人格起見,萬不能不反對你。如果那樣去作,王九齡能知難而退,自

①編者注:本文原刊猛進 1925 年 3 月 20 日第 3 期,署名虚生。

然更好,即使不能,而我們的態度固當如是。乃大家知道他是烟犯的時候不反對,王氏來都的時候又不趕緊地反對,遲之又久,纔吞吞吐吐地告訴他説:你如果能籌得巨款,發還積欠,我們纔可以承認你。這樣一來,王九齡一定想着説:你們既没有另外的地方反對我,那就好説了;你們張大嘴,也不過爲還價的餘地,既可以還價,那我自有相當的辦法。這樣一來,王九齡之不能長教育,並没有其他的緣故,乃因爲不能籌巨款,還積欠。可是籌巨款,還積欠,在現在情形之下,是否是一件可能的事情?以必不可能的事情責人,目爲擣亂,也並不能算是過度的鍛煉周内了。

我也承認我們對於王九齡,雖不必擺 Gentleman 臭架子,而因爲烟犯事,太不名譽,對面談話的時候,自應有相當的含蓄。可是自王九齡長教育的命令發表以來,於今數月,在報紙上,除了某君在京報副刊上發表一點意見以外,幾乎絶没有聽見反對的聲音。我並且微微地聽見人説,就是這一篇的發表,中間也有若干的曲折。這種情形實在使我百思不得其解。

然則現在王九齡要就職了,我們又應該怎麽樣辦呢?我以爲我們惟一的辦法,就是拋棄無益的曖昧辦法,明白告訴他説,我們反對你,是因爲這些,並不因爲款項。款項雖爲辦學校所必需,而如你那樣人,還説不到那些。這樣辦,時間雖遲,猶不失爲下策。如其不然,那章宗祥、曹汝霖之流一定暗笑説:你們教育界雖然有時説得好聽,其實不過是争款項,你們既單争款項那就容易對付了。浸假外國的野心家也要同樣的暗笑。那樣的教育,倒不如早點關門還好一點。

答魯迅書[1]

魯迅先生:

你所説底"二十七年了,還是這樣",誠哉是一件極"可怕"的事情。人類思想裏面,本來有一種惰性的東西,我們中國人的惰性更深。惰性表現的形式或不一,而最普通的,第一就是聽天任命,第二就是中庸。聽天任命和中庸的空氣打不破,我國人的思想,永遠沒有進步的希望。

你所説底"講話和寫文章,似乎都是失敗者的徵象。正在和命運惡戰的人,顧不到這些",實在是最痛心的話。是[2]我覺得從另外一方面看,還有許多人講話和寫文章,還可以證明人心的沒有全死。可是這裏需要有分别:必需要是一種不平的呼聲,不管是冷嘲或熱駡,纔是人心未全死的證驗。如果不是這樣,換句話説,如果他的文章裏面,不用很多的"!",不管他説的寫的怎麽樣

①編者注:本文原刊猛進1925年3月20日第3期"通訊",標題爲編者所加。
②編者注:"是",疑作"但"或"但是"。

好聽,那人心已經全死,亡國不亡國,倒是第二個問題了。

"思想革命",誠哉是現在最重要不過的事情,但是我總覺得語絲、現代評論和我們的猛進,就是合起來,還負不[①]起這樣的使命。我有兩種希望:第一希望大家集合起來,辦一個專講文學思想的月刊。裏面的内容,水平綫並無容過高,破壞者居其六七,介紹新者居其三四。這樣一來,大學或中學的學生有一種消閑的良友,與思想的進步上,總有很大的裨益。我今天給適之先生略談幾句。他説現在我們辦月刊很難,大約每月出八萬字,還屬可能,如能想出十一二萬字,就幾乎不可能。我説你又何必拘定十一二萬字纔出,有七八萬就出七八萬,即使再少一點,也未嘗不可,要之有它總比没有它好的多。這是我第一個希望。第二我希望有一種通俗的小日報。現在的第一小報,似乎就是這一類的。這個報我只看見三兩期,當然無從批評起,但是我們的印象:第一,是篇幅大小,至少總要再加一半纔敷用。第二,這種小報總要記清是爲民衆和小學校的學生看的。所以思想雖需要極新,話却要寫得極淺顯。所有專門術語和新名詞,能躲避到什麽步田地躲到什麽步田地。第一小報對於這一點,似還不狠注意。這樣良好的通俗小日報,是我第二種的希望。拉雜。拉雜寫來,漫無倫叙,你的意思以爲何如[②]?

徐炳昶。三月十六日。

---

①編者注:原於"不"後衍"負不"二字。

②編者注:"如",原誤作"好"。

附魯迅來信：

旭生先生：

前天收到猛進第一期，我想是先生寄來的，或者是玄伯先生寄來的，無論是誰寄的，總之：我謝謝。

那一期裏有論市政的話，使我忽而想起一件不相干的事來。我現在住在一條小胡同裏，這裏有所謂土車者，每月收幾吊錢，將煤灰車出去。車出去怎麽辦呢，就堆在街道上，這街就每日增高。有幾所老房子，只有一半露出在街上的，就正在豫告别的房屋的將來。我不知道什麽緣故，見了這些人家，就像看見了中國的歷史。

姓名我忘記了，總之是一個明末的遺民，他曾經將自己的書齋題作“活埋巷[①]”。誰料現在的北京的人家，都在建造活埋巷，還要自己拿出建造費。看看報章上的論壇，“反改革”的空氣濃厚透頂了，滿車的“祖傳”“老例”“國粹”等等，都[②]想來堆在道路上，將所有的人家完全活埋下去。“强聒不舍”，也許是一個藥方罷，但據我所見，則有些人們——甚至於[③]竟是青年——的論調，簡直和“戊戌政變”的反對改革者的論調一模一樣。你想，二十七年了，還是這樣，豈不可怕。大約國民如此，是決不會有好的政府的，好的政府，或者反而容易倒。也不會有好議員的，現在常有人駡議員，説他們收賄，無特操，趨炎附勢，自私自利，但大多數的國民，豈非正是如此麽？這類的議

①編者注：“活埋巷”，今本華蓋集作“活埋庵”，後同。

②編者注：“都”，原誤作“起”，據今本華蓋集改。

③編者注：“於（于）”，原誤作“了”。

員,其實確是國民的代表。

我想,現在的辦法,首先也還得用於幾年以前新青年上已經説過的“思想革[1]命”。還是這一句話,雖然未免可悲,但我以爲除此没有别的法。而且還是準備思想革命的戰士,和目下的社會無關,待到戰士養成了,於是再决勝負。我這種迂遠而且渺茫的意見,自己也覺得是可歎的,但我希望於猛進的,也終於還是“思想革命”。

魯迅。三月十二日。

①編者注:“革”,原誤作“改”,據後文及今本華蓋集改。

我意中的孫中山先生[①]

孫中山先生死了,他的死恐怕止感動到一部分的知識階級,至於大部分的平民,仍是醉生夢死,不曉得這是怎麽一回事,這實在是一件極可痛心的事情。

就是所謂念書人裏面,很有一部分人,同我們所處底空氣太相懸殊,覺得孫先生一死,偉人少一個,搗亂的人也就少一個——我親自聽見有人這樣告訴我説,我並且可以告訴大家説這一位並不是一位老學究,却是一位四十左右,上過多少年學校的人——這也是無可奈何的事情,我們也不必講他們了。

就是恭維孫先生的人,意見也不相同的利害。有些人覺得孫先生是個英雄,覺得他是與劉邦、朱元璋一類的人物,如果那樣,孫先生的成功要比劉邦、朱元璋差的多,他的死實在是不足痛惜的。

---

①編者注:本文原刊猛進 1925 年 3 月 27 日第 4 期,署名徐炳昶。

另外一部分的人，比較的算知道孫先生的了。他們恭維孫先生，不曰革命元勛，就説他是民國偉人，這些話固然不錯。可是我總覺得這些詞的含意太不明了，並且對於孫先生在歷史上所應得底位置，也一點表現不出來，所以我總覺得孫先生還不止是這樣的。

我意中的孫先生，略如以下所説：

我遍翻我國四千年的歷史，有一個普通的感想，就是我國的實行的政治家全缺少廣遠的理想。就是管仲、商鞅、諸葛亮、李德裕、張居正幾個有名的政治家，他們的目的，全不出於一人一姓的私榮。他們對於國計民生，或是保持當時的現狀，或是就當時可能的限度裏面，少加改良，使他們不至於墮落下去。他們所做得到底，不過是"救時"兩個字。至於對於人民抱一種目的，想使他們達到，則四千年中，實行政治家裏面，除了王安石，可以説没有第二個人。王安石的目的，並不是爲趙家一姓的尊榮，却是對於當時人民的生活，有所不慊，抱着一種更高尚的目的，用各種的方法，想使他們達到。他雖然受當時人的阻撓，未能成功，但是他這種精神，實在是四千年中絶無僅有的。

孫中山先生生於清季。抱一種政治的理想。他的理想還要比王荆公的理想高遠的多。他並且好學不倦，對於歐西最新的政治學説，全有了解（參觀猛進第三期吴稚暉先生的我亦一講中山先生），並且參酌中國的情形，作一種廣大的計畫。讀先生的建國方略，誰能不佩服先生偉大的精神？他並且有極强毅的意志，鼓勇前進，至死不渝。我實在告訴大家説：我在中國四千年的歷史裏面，並没有找出第二個人來。

孫先生的事業成功和失敗,却是很難説。括總説起,當孫先生發一種議論的時候,幾乎没有一個人不疑惑他是“海闊天空的説大話”,幾乎没有一個人能相信他的話是可以實現的。可是因爲他意志的强毅和事變的遷流,他的計畫竟實現了一部分。這些地方實在是先生的大成功。可是先生的精神是日進的,他雖有一部分的成功,却有更廣遠的計畫。這一部分的計畫,直到先生臨死的時候,還不曉得什麽時候纔能够實現。實在先生的失敗,更足以表明先生人格的偉大。

先生死以後,有一部分的文人學士,對於先生,有些責備賢者的議論,這也是當然的事情。我對於這些指摘有幾句話答他們,就是:第一,天下永没有無從指摘的人。無從指摘的人,是抽象的人,絶不是實在的人,换句話説,祇有廟中的木雕泥塑,無從指摘,其餘全有可指摘,並且大約還是人格愈偉大,可指摘的地方愈多。第二,“行一不義,殺一不辜,而得天下不爲”等類的話,是理論家在書房裏面想出來的話。它雖然可以糾正現實,去太去甚,有它相當的效用,可是實行的政治家却顧不到那些。如果用那樣的標準去責備實行的政治家,少有一點價值的政治家,全要被它一筆抹倒。第三,中山先生與王荆公同樣的在政治上有理想,却也有同樣的運命:荆公抱政治上的理想,不爲當時“君子”所原諒,不得不用吕惠卿諸群小;中山先生雖有廣遠的理想,偉大的計畫,强毅的意志,而一方面不爲“社會名流”所諒解,他一方面又遇着惰性極大的群衆,遂使他不得不與不願意結合的人暫行結合,這實在是一件非常可悲的事情。

噯!中山先生死了!中山先生的精神,在將來的中國是否能存在？將來的事情,那又什麽人能預先知道！可是我敢斷言中山先生的精神,是現代的精神,是將來的精神。如果我們中國人不想在現代及將來生活,也就罷了！如果還想在現代及將來生活,不能發揮光大中山先生的精神,是萬行不通的！我並且確信:如果我們明白了政治不是在現實裏面滾過來滾過去的玩藝,却應該有廣遠的理想,向着一定的目的,鼓勇前進;止要計畫偉大,精密,意志强固,無論理想怎麽樣的廣遠,歸根結局總有達到的一日,如果大家明白了這些,則中山先生的喪失,還不算一件可悲的事情。至於國民黨將來的分合變化,却是第二等的問題了。

十四,三,二十一。

自衛團與新國民軍的組織[①]

一、自衛團的組織[②]

先知道這樣的武力萬不能統一和現在善後會議式的會議也不能統一以後,然後可以找建設的方案。我們現在的政治理想不是要成完善的民治麽? 促成民治除了增進民力,還有何法? 可是增進民力,説着容易,辦着就艱難了。想達到目的,必需要順自然的趨勢,"因勢而利導之"。我國人民雖説對於政治的理想没有熱狂,可是遇有切己利害的時候,也還有相當的抵抗能力。我國現在全國上下所患苦底,就是那些亂七八糟的軍人——他們那裏配稱爲閥呢? ——對付他們止有自衛的一個法子。怎麽樣達自衛的目的? 曰互相幫助。怎麽樣去自衛? 曰編練自衛團以抵抗

①編者注:本文連載於猛進 1925 年 3 月 20 日第 3 期、27 日第 4 期,署名徐炳昶。

②編者注:此標題原缺,係編者據後面兩個小標題及文意添加。

劫掠。這抵抗劫掠有什麽樣的含意呢？曰是有三種:第一抵抗土匪的劫掠;第二抵抗潰兵的劫掠;第三抵抗惡税。能達到抵抗惡税的目的而後人民乃能制亂七八糟軍人的死命。現在兵多匪多的地方,民團已有萌芽,已有相當的效果,但因無相當的聯絡,不能互相幫助,所以還没有很大的效力。我們現在所主張底,就是采取民團的意思,編練成强有力的自衛團。其辦法有自下辦、自上辦的兩種,各有利弊,詳細分言如下:

(一)自下辦的自衛團,宜就原來民團的底子,再加以相當的訓練。民團多由鄉下的粗人自動辦理,現在既認自衛團爲救國的良法,必須要有知識階級的人回到田間去,爲之發縱指示。訓練指揮的[①]法則,或需要請教曾在軍界的人,主謀和互相聯絡,必須智識階級的人負其責。款項自籌,民團已有成例,無庸贅言。如合數村成小團者,即如民團制,仍民團名,無庸改名聳人耳目。但有三事宜特别注意:第一,團中之赤貧者宜設法救濟,因爲恐怕他們爲飢寒所迫,爲外匪作眼綫。第二,團中有因禦匪身死者宜斟酌本地的經濟情形,籌公款若干元周濟其家人。第三,原來民團或由縣知事督辦,招集無業貧民充當,所需餉款甚多,爲軍隊的變相,殊失自衛的本意。我們所主張底自衛團,則槍械的大部分在有産的人的手中,匪來則共同守禦,匪去則各營生業,自無需餉款的籌集。如能仿北方多築堡寨者則更佳,因爲如是則有大股土匪或兵過的時候,即入堡保聚,小匪或潰兵至,即可以聚剿或遣散。既無匪患,如果還有駐兵,也可以要求裁撤了。這個時候所最怕

①編者注:原於"的"後衍一"的"字。

底，就是亂七八糟的軍人，覬覦他們的槍械，强行點收，近來在我們河南很有這一類的事情發現。最大的毛病，就是雖有若干的民團却没有相當的聯絡，所以大吃其虧。其他數縣，略有聯絡及抵抗力者，槍械已經不被没收，我們所説底自衛團，内有相當的組織，外有相當的聯絡，又有輿論爲他們的聲援，則抵抗軍人没收槍械，自然是一件不很難的事情。三縣兩縣互相聯絡，就想抵拒惡税，當然還不容易。然而我們河南，當去年山海關戰事起時，省政府派委員到各縣强派多額軍費，否即以軍法從事。可是那個時候，有幾縣攤派的特别的少。因爲什麽？就因爲那幾縣裏面，有一種紅槍會（即義和團的變相），團結力很强，聲言如果多派，就非同他打不可，那些委員也就知難而退，不敢多派。由這樣比例起來，自衛團即僅三縣兩縣，就不能完全抵抗惡税，也可以抵抗一部分了。如果聯絡的很多，裏面有了强固的組織，那就要張明旗鼓，告訴亂七八糟的軍人們説："國家的正供，我們是出的；如果爲我們地方上辦交通、實業、教育諸政，籌集款項，我們也是出的；但是第一須預先得我們的同意，第二財政須得我們的監察。至於强派款項，爲戕殺我們同胞的用途，我們是一個錢也不能出；强派款項，養過量的兵額，我們也是一個錢不能出。"如果他們還不知道悛悔，强來攻擊者，一縣有難，四周鄰縣即出兵援救。臨時所須款項，由團中各縣公攤；一縣受災，由團中各縣籌款救濟。這樣辦起來，就是有大軍閥，也要無所施其技，不要説現在這些亂七八糟的軍人了。軍人肯受範圍，那就可以同他商訂怎麽樣化兵爲工，怎麽采編練新國民軍，及其他建設的事情。至於編練新國民軍的辦法，等一會兒再説，現不多贅。

（二）自上辦的自衛團，大體上與自下辦的自衛團相仿。但如果有一位省當局，相信我們所主張底政策，他就可以立時編練新國民軍，並化過額的兵額的兵爲工人。一方面派人到處講演，告訴大家説："靠我們一省的財政，止能養若干兵，可是四圍的軍閥，不肯裁兵，看我們的兵少，還要想我們的主意。我們這個時候，除了自衛，没有另外的方法。"并須告以自衛團主旨在於自衛，絶無徵發遠征的事情。再告訴他們新國民軍和自衛團的關係，及有急時候聯絡的規則，則誤會消除，人民自可踴躍編制。教練指揮，由省政府選派，薪俸亦由省政府給與。至於人民購買槍械和其他的款項，仍由人民舉人自行經理。農閑時教以特别的戰術。致瑞士義務兵服役期間止有三月而兵已足用，則農閑的教[①]練已足。這樣一辦，鄰境就是有强大的軍閥，也一定不敢横生野心。——辦事容易，號令齊一，自然是自上辦的好處，但是這不完全由於民間自行發動，如果在上人有變動，又要有涣敗或變壞的傾向，也是一種短處。不過這些短處，仍是可以救藥的，所以也不很怕。但是我們説過了，我們的目的，是用民力漸漸地去統一，自衛並不是我們最終的目的。自衛團在原則上，不遠出征伐，所以仍要有正式軍隊的編制。

二、新國民軍的組織

正式軍隊的組織，應酌量地方的財政和地方的情形以爲伸

①編者注：原於"教"後衍一"教"字。

縮,但其預算的最大量,不得超過地方總收入額的三分之一。並且,比方説地方財政足養二師者,最好是止編一師,一混成旅,因爲兵貴精,不貴多,兵餉減少,器械即可特别充足和精良了。軍隊的編製,本係專門的學問,我們這些門外漢,本無庸妄發議論,但我們所主張底新軍隊,與原來的軍隊大不相同者約有數端,不得不説一説:(一)兵士的月餉須特别提高,與舊式軍隊約爲二與一之比。軍官的月俸,則按遞升的階級漸漸減少,就是上至師長,也不得超過二百元。(二)無論何級軍官,均須由學校出身,軍士必須識字更不待言。(三)軍官陞遷至師長而止,並限在本師内。即轉戰至他省,也永不許將團推廣成旅,旅推廣成師。(四)軍士如服務十年以上無過失自行退伍者,得食半餉五年。至四十,即當强迫退伍,如已服務二十年無過失者,得食全餉五年,半餉五年。戰死者其家族受百元恤金外,仍食全餉五年,半餉十年。病死者仍依退伍例,外受恤金五十元。軍官服務十年自願退休者仍食半俸五年,服務二十年自願退休者食半俸十年,服務三十年願退休者食半俸終身。戰死者其家族除依階級受恤金外,食全俸十年,半俸十五年。病死者其家族受恤金外,仍依退伍例。(五)軍中宜提倡仁慈勇俠的風氣,以欺負良弱爲大耻。暇時當與講鄉、國、人類的關係,戰勝者對於戰敗者的義務等類。仍有暇時,可使爲社會服務以保其耐苦之精神。(六)除軍中應遵守紀律外,軍官與軍士應有共同的生活,同甘苦,均勞逸,更不待言。這幾件事情,完全辦到,軍士無論到什麽地方,人民自然會“簞食壺漿以迎王師”了。

三、自衛團與新國民軍的聯絡

自衛團在原則上,最遠止能徵發及於鄰縣,因爲當匪勢猖獗的時候,如不鄰境相助,就難達到自衛的目的,走的太遠,又要失掉自衛的本意。如無國防上的需要,新國民軍也只到鄰省爲止。有小匪患,自衛團已足對付,如有他省正式來攻,則自衛團退自保聚,勿與爭鋒,但使敵軍不得進占城邑,强派軍餉。至於正式防禦戰爭,須以新國民軍爲主體,自衛團輔助之。現在想改別省的,全是就地取餉,如果堅壁清野,絶他們糧餉的來源,已經足以制他們的死命。如果他們不自揣度,還想深入,則前有堅敵,退有後顧之憂,非鬧到全軍覆没不止。以此自衛,已經足以達自衛的目的了。並且我們所主張底政治,是自衛的政治,所以雖在同省,如果他們没有自衛的覺悟,我們除了可以向他們宣傳主義外,共他全不干涉;雖在異省,如果有自衛的覺悟,我們即當竭力援助。援助鄰境時,軍餉當完全自籌。鄰境自衛團組織完畢,無重兵來攻者,即當撤回本境。風聲所樹,響應必多,四五年後,中國當可統一了。這種用民力漸漸格統一的方法,雖較遲緩,然比現在的武力統一政策,一定要快的多了。

答馮文炳書[1]

馮先生：

思想革命固然重要，但是我們前些年相率不談政治，我們早已經知道那是錯誤了。——首標此義者爲努力，但努力發刊以前，我們已有同樣的感想。想成民治，而國人相率不談政治，這是什麽樣奇怪的事情呢？

至於講堂所講，大部分是些抽象的定律和過去的成例，與現時實在一日萬變的政象没有很大的關係。這些政象，也必須大家來研究它，商□[2]它，棺[3]能達到真正的民治。所以我們希望有新青年那樣的出板物，是説專談政治還不彀，並不是要説政治即不

①編者注：本文原刊猛進 1925 年 3 月 27 日第 4 期"通訊"，標題爲編者所加。

②編者注：原於"商"後空闕一字。

③編者注："棺"，疑有誤。

當談,這是一個頂重要的點,萬不可忽略的。

徐炳昶[1]。十四,三,二十四。

附馮文炳來信:

旭生先生:

我今天看了先生同魯迅先生的通訊,忍不住插幾句嘴。

我覺得中國現在的情形非常可怕,而我所說的可怕,不在惡勢力,在我們智識階級自身!一般所謂學者們,在我看來,只是一群胖紳士。至於青年,則幾乎都是没有辮子的文童!所以目下最要緊的,實在是要把腦筋還未凝固、血管還在發熱的少數人們聯合起來繼續從前新青年的工作。現在雖説有許多周刊,我敢斷言都是勞而無功。幾乎近於裝點門面。尤其不必做的,是那些法律政治方面的文章,因爲我們既不要替什麽鳥政府上條陳,也無需爲青年來編講義,——難道他們在講堂上没有聽够嗎?我們要的是健全的思想同男子漢的氣概,否則什麽主義,什麽黨綱,都是白説,——房子建築在沙地上,終久是要倒閉的。

我極望先生的第一希望實現,大家來灑一點血,呼一點新鮮空氣,——不過這事不能勉强罷了。

馮文炳。三,二十。

①編者注:“昶”,原脱,據文意補。

你們急着解决金佛郎案是爲什麽的?①

金佛郎案本來是一件不能成問題的事情(參看本刊第三四五期毅夫君駁實道主張金佛郎之五種理由),但因從前辦外交者之别有用意,遂成了一種棘手的案件。可是無論怎麽樣,它在國内既未經國會通過,在外交上亦未經正式换文,法國雖貪婪,如我能據理力争,彼固無如我何。段執政初來時,亦自言"在他人則反對,在自己就舉辦,豈非笑話?"他的話我們當時雖就不敢深信,然而竊料曹、吴所不敢辦之事,段執政如能少顧民意,當亦不敢强辦。然而我們的揣度,竟屬大爲錯誤。看近兩天的報章,此案的解决,大約已經絶無疑義。怎麽樣去解决,政府未經明白宣布,我們固無從議論起。但是我們總要問政府一句話:你們急着解决金佛郎案端的是爲什麽的? 此案解决以後,能移用一部分的款項,據最近所傳述,大約不成問題。那我們就要進一步問一句

①編者注:本文原刊猛進 1925 年 4 月 3 日第 5 期"時事短評",署名虚生。

話:這一大筆款項,你們想要怎麽樣用它呢?如果你們作好裁兵的計畫,因爲没有錢,就想把這一筆錢作爲基金,那我們雖少失一點權利,總還可以諒解,可是就現在情形看起,恐怕没有這樣的事。如果你們把這筆錢拿來,仍任害民的軍閥分了去,將剩下的一小部分充中央幾個月的政費,支持殘局,使它不至於蹋臺,那你們所作,有異於曹、吴的在什麽地方?並且曹、吴雖然想作,却還不敢作,你們就悍然去作,你們覺得隨便幾句話,國民就可以被你們騙着麽?我們國民當這個外交緊急的時候,不能不鄭重地問你們幾句話:你們急着解决金佛郎案,端的是爲什麽的?此案解决以後,所能移用底款項,你們端的要作什麽用呢?

真快圖窮而匕首見麼?[1]

孫中山先生死没有幾天,民國日報禁止出版了,現代評論在郵政局裏被扣了。售現代評論的人聽説又被傳訊了。現在的執政府不願與國民黨合作,算是狠露骨了。國民黨等中山先生葬事畢後,即回廣東,大約也已經看得清楚,説不到見幾而作。這樣圖窮而匕首見的情形,我們預先已經料到,没有一點詫異。並且我們覺得這樣志不同、道不合的兩個團體,早些把假面具扯下,用真面目相對,絶不是一件可悲的事情。

①編者注:本文原刊猛進 1925 年 4 月 3 日第 5 期“時事短評”,署名虚生。

答魯迅書[①]

魯迅先生:

你看出什麽"踱進研究室",什麽"搬入藝術之宫",全是"一種圈套",真是一件重要的發現。我實在告訴你説:我近來看見自命 gentleman 的人就怕極了。看見玄同先生挖苦 gentleman 的話(見語絲第二十期),好像大熱時候,吃一盤冰激零,不曉得有多麽痛快。總之這些字全是一種圈套,大家總要相戒,不要上他們的當纔好。

我好象覺得通俗的科學雜誌并不是那樣容易的,但是我對於這個問題完全没有想,所以對於它暫且無論什麽全不能説。

我對於通俗的小日報有許多的話要説,但因爲限於篇幅,止好暫且不説。等到下一期,我要作一篇小東西,專論這件事,到那時候,還要請你指教纔好。

徐炳昶。三,三十一。

---

①編者注:本文原刊猛進 1925 年 4 月 3 日第 5 期"通訊",標題爲編者所加。

附魯迅來信：

旭生先生：

給我的信早看見了，但因爲瑣瑣的事情太多，所以到現在纔能作答。

有一個專講文學思想的月刊，確是極好的事，字數的多少，倒不算什麽問題。第一爲難的却是撰人，假使還是這幾個人，結果即還是一種增大的某周刊或合訂的各周刊之類。況且撰人一多，則因爲希圖保持内容的較爲一致起見，即不免有互相牽就之處，很容易變爲和平中正、吞吞吐吐的東西，而無聊之狀於是乎可掬。現在的各種小周刊，雖然量少力微，却是小集團或單身的短兵戰，在黑暗中，時見匕首的閃光，使同類者知道也還有誰還在襲擊古老堅固的堡壘，較之看見浩大而灰色的軍容，或者反可以會心一笑。在現在，我倒只希望這類的小刊物增加，只要所向的目標小異大同，將來就自然而然的成了聯合戰綫，效力或者也不見得小。但目下倘有我所未知的新的作家起來，那當然又作别論。

通俗的小日報，自然也緊要的；但此事看去似易，做起來却很難。我們只要將第一小報與群强報之類一比，即知道實與民意相去太遠，要收穫失敗無疑。民衆要看皇帝何在，太妃安否。而第一小報却向他們去講"常識"，豈非悖謬。教書一久，即與一般社會睽離，無論怎樣熱心，做起事來總要失敗。假如一定要做，就得存學者的良心，有市儈的手段，但這類人才，怕教員中間是未必會有的。我想，現在没奈何，也只好從智識階級——其實中國並没有俄國之所謂智識階級，此事説起來話太長,姑且從衆這樣説——一面先行設法,民衆俟將來再談。而且他們也不是區區文字所能改革的,歷史通知過我們,清兵入關,禁纏足,要垂辮,前一事只用文告,到現在還是放不掉,後一事用别的法,到現在還在拖下來。

單爲在校的青年計,可看的書報實在太缺乏了,我覺得至少還該有一種通俗的科學雜誌,要淺顯而且有趣的。可惜中國現在的科學家不大做文章,有做的,也過於高深,於是就很枯燥。現在要 Blem 的講動物生活,Fabre 的講昆蟲故事似的有趣,並且插許多圖畫的;但這非有一個大書店擔任即不能印。至於作文者,我以爲只要科學家肯放低手眼,再看看文藝書,就够了。

前三四年有一派思潮,毀了事情頗不少。學者多勸人踱進研究室,文人説最好是搬入藝術之宫。直到現在都還不大出來,不知道他們在那裏面情形怎樣。這雖然是自己願意,但一大半也因新思想而仍中了"老法子"的計。我新近纔看出這圈套,就是從"青年必讀書"事件以來,很收些贊同和嘲駡的信,凡贊同者,都很坦白,並無什麼恭維。如果開首稱我爲什麼"學者""文學家"的,則下面一定是謾駡。我纔明白這等稱號,乃是他們所公設的巧計,是精神的枷鎖,故意將你定爲"與衆不同",又藉此來束縛你的言動,使你於他們的老生活上失去危險性的。不料有許多人,却自囚在什麼室什麼宫裏,豈不可惜。只要擲去了這種尊號,摇身一變,化爲潑皮,相駡相打(輿論是以爲學者只應該拱手講講義的),則世風就會日上,而月刊也辦成了。

先生的信上説:惰性表現的形式不一,而最普通的,第一就是聽天任命,第二就是中庸。我以爲這兩種態度的根柢[①],怕不可僅以惰性了之,其實乃是卑怯。遇見强者,不敢反抗,便以"中庸"這些話來粉飾,聊以自慰。所以中國人倘有權力,看見别人奈何他不得,或者有"多數"作他護符的時候,多是凶殘横恣,宛然一個暴君,做事並不中庸;待到滿口"中庸"時,乃是勢力已失,早非"中庸"不可的時候了。一到全敗,則又有"命運"來做話[②]柄,縱爲奴隸,也處之泰然,但又無往而不合於聖道。這些現象,實在可以使中國人敗亡,無論有没有外敵。要救正這些,也只好先行發露各樣的劣點,撕下那好看的假面具來。

魯迅。三月二十九日。

①編者注:"柢",原誤作"抵"。
②編者注:"話",原誤作"活"。

答 P. H. 先生書①

P. H. 先生:

接到你那一封寫得狠美麗的信,我們非常感激,因爲限於篇幅,這一期還没有登出,我們非常的抱歉。你的建議,我們即當采用,大約第六期,如果趕得及即當照辦了。

徐炳昶。三,三一。

附 P. H. 來信:

旭生先生:

這也許是一種頭巾氣罷:我做事很歡喜"求全",雖然我萬分相信世上决没有絶對的"全"。唯其我愛"求全",所以我有這個迂腐可笑、小而又小的要求。先生是主張勇"猛"精"進"的人,也許會認我這種要求爲淺薄無聊,而嗤之以鼻,但是愛"美"是人類向上

①編者注:本文徐旭生回信原刊猛進 1925 年 4 月 3 日第 5 期"通信",附録 P. H. 來信原刊猛進 1925 年 4 月 10 日第 6 期"通信",標題爲編者所加。

的要求,是人類革命、進化底最後目的,它也是與先生的主張並行不忤,不過它是最和平、最温柔的罷了。所以我終歸要寫這封信把你。

我是贊成而且愛讀猛進的一個人,我覺得它底内容在不住地把我們的生命力提高,把我們的意志帶到那真實、偉大、堅强有爲的方向去,它至少也是我一個良友、畏友。但是從它哇哇墮地起一直到現在它給了我一個很大的反感,什麽反感呢?就是,我覺得,它底封面太不美觀了。尤其不美觀的地方,便是那粗大拙劣的"猛進"兩字。先説這兩個字罷,我覺得它們太大了,龐龐然横在那封面上頭,一見就使人礙眼;並且這兩個字也寫得有點拙劣(雖然我也寫不出來),更加使人起一種不寧静的感覺。我更乾脆説一句,檢直就使人"厭惡"。其次,唯其上頭有這麽兩個大字,底下又鋪上兩個方格,零零碎碎,大大小小撒上百十字,粗細既不相稱,格式也不嚴整,失了那美的最大要素"調協"。總上兩點,我"期期"以爲這個封面要改良。我底改良方法怎麽樣呢,我以爲最少要做到下列四個條件:(1)字要小一點,(2)要寫得精美,(3)要位置得恰當,(4)能加一點好的圖案爲尤妙。(並且這大半版空地最好改爲正文,增加每期的篇幅。)關於這件事的正文差不多就此完了;還有幾句費話。

我這種提議,小極了,迂極了,真好笑!但是我却深深感覺得"不吐不快"。魯迅先生那本苦悶的象徵底封面畫,多好!那女人瑣緊眉頭,悽悽惋惋,百無聊奈地舐那虎叉上的血迹,一彎屈折綫鬱結地纏了她一身,這真是多麽的慘苦呵!我看了之後,不覺引起了一大堆身世家國、前前後後的無窮的悲哀,我幾乎眼泪直灑灑上去。於是我加倍愛苦悶的象徵,雖然它在文學方面便已給了我一個絕大的"滿足"。

我鄉裏有一個傳説:東方曼倩有一次跑到西王母那裏,恰好西施也在座。西王母素來知到曼倩的滑頭,她故意嚴厲地對他説:"曼倩,這裏西施仙女是再美麗嬌柔不過的,像你這樣的俗客千萬瞻望不得她,免得蹧踏了她;你這[①]回可要注意! 要是你望了她一眼,我馬上就要治你的罪。"但是,曼倩不等她説完,馬上就滿滿地對西施望一眼去。西王母大怒,傳命就要懲罰他。於是曼倩不慌不忙答奏兩句説:"縱然都道西施美,尚有三根不整眉。"西王母聽了奇怪,就叫西施到面前詳細一看,果然左眼有三根眉毛特别長。她底怒氣立即消失了,她不但不責備曼倩,而且含笑地親手替西施剪去了這三根不好看的眉毛,又賞了曼倩一個血紅的蟠桃。

而且宋玉先生説得好:"……增之一分則太長,減之一分則太短……"可見你不愛美則已,要是一愛美,便不能不這様的精細。

先生,這就是我爲自己底迂闊的解嘲。你還是以我底迂闊爲有點意思,抑是討厭呢? 那就只在你愛不愛美了。

但是,最後還有兩句,就是"藝術鑒賞上的否定的批評,有兩個特别情形:(1)偏愛,(2)淺薄不能了解作品"。不知我對於猛進底封面究竟犯了上述一種或全部的毛病否?

即此,敬叩

撰[②]安。

P. H. 謹上。

①編者注:"你這",原誤作"這你"。

②編者注:"撰",原誤作"操"。

莎士比亞問題之一個解決[①]

如果人類不是超出庶物的怪物,如果社會環境同人的思想、技術,還有相當的關係,那 *Hamlet* 和其他的名著,爲 Stratford 的演劇人所著作,總是一件很難解釋的問題。五六十年以來,歐洲的歷史家對於莎氏一生的行誼,搜求的狠完備,但是對於他所處底社會環境和他思想的關係,并没有找出來聯絡。他在 Elisabeth 朝文學昌明的時代,好像一個孤立的人;他同時有名的文學家同他幾乎全没有關係;當他死的時候,没有一個文學家來惋惜他;我們對於他的私事所知道底,止有他是一個狠吝嗇的放債人,是一個狠發財的人。同他的名著裏面所描寫底情緒也絶不相似。所以歸結就有人説:莎氏的人格,同荷馬的人格差不多有同樣的晦暗。考究的愈進步,他的人格愈覺得不可解。這就是數十年來研究所得底結果。

①編者注:本文原刊猛進 1925 年 4 月 10 日第 6 期,署名虚生。

從十九世紀中葉以後,就有不少的著作家懷疑到所謂莎氏名著的著作人。他們大約可分爲四派:第一派説這些名著實在是大哲學家 Francis Bacon 的著作。有一個時候,主張這一説的人狠不少。他們也有狠多的研究宣布出來。但是從現在看起,他們破壞的一方面實在狠有理由,可是建設的一方面未見得就能成立。第二派起得較晚。一千九百零七年, P. Alvor and K. Bleibtren 説這些著作爲 Rutland 的第五個伯爵 Roger Manners 所著。這位伯爵生於一千五百七十六年,没於一千六百十二年,他止活三十六歲。這一説比較地更奇怪。説 Rutland 伯爵於十七歲的時候,就能做出失掉愛情的苦痛、錯誤的喜劇、亨利六世、黎查三世名劇,豈不是更不像理麽? 第三派説莎氏同荷馬[①]一樣,爲許多著作家的總集。主張這種議論最著名的有 *Our English*[②] *Homer* 的著作人 Th. W. White。第四派主張不知主義(agnosticisme)。他們承認莎氏的著作有可疑的[③]地方,可以成爲問題。但是他們狠謹慎,不肯輕於説這是哪個人的著作。這四派的議論雖然不同,却是有一個公同點,就是否認 Stratford[④] 的演劇[⑤]人爲 *Hamlet* 及其他名著的著作人。

Abel[⑥] Lefranc 先生爲法國 College de France 的教授,——College de France 在巴黎大學以外,爲另外一個研究高深學術的

①編者注:“馬”,原誤作“鳥”。
②編者注:“English”,原誤作“Englishl”。
③編者注:“的”,原誤作“爲”,據文意改。
④編者注:“Stratford”,原誤作“Stsatford”,據前文改。
⑤編者注:“劇”,原脱,據前文補。
⑥編者注:“Abel”,原誤作“Sbel”。

地方,以介紹新學説著名,如我國近年盛傳之柏格森,即爲那個學校的教授。他於一千九百十九年,刊行一部書叫作 *Sous Le Masque*[①] *de"William Shakespeare": William Stanley VIe*[②] *Comte de Derby*。他説莎氏的著作[③]實在是 Derby 第六個伯爵 William Stanley[④] 所作底。他的書共分五章:第一章略叙莎士比亞問題的大略,及其發現 W. Stanley 的經歷;第二章述 Derby 家及 W. Stanley 自身的歷史並與莎氏戲劇的關係;第三章述 Spenser 和莎氏之關係並解釋所謂愛慎之謎(L'enigme d'Aetion);第四章從莎氏戲劇裏面找出 Derby 家的痕迹;第五章叙 Derby 家及 W. Stanley 和 Elisabeth 時代演喜劇人的關係。他這本書,據我看起來,狠有可注意的價值,所以就把它内容的大略依次介紹如下:

第一章頂可注意的地方就是它的第十節。他説,他愈研究莎氏的著作,愈覺得有可疑的地方。從前的假説又不能使他滿意。他於未找真正著作人之先,預先覺得如果將來能找到,這位先生,第一要同 Spenser 有交情;第二他的徽章上面或他種器物上面要有一個鷹;第三,他的家庭要同 Elisabeth[⑤] 時代劇場的人物有關係;第四,這位先生狠像同當時大魔術家 John 有關係[⑥],暴風雨篇的意見就是從這種關係生出;第五,這位詩人應該研究過音樂,或者並且是音樂的作家;第六,這個貴族應該走遍過英倫,見得瓦來

①編者注:"Masque",原誤作"Maspue"。
②編者注:"VIe",原誤作"VI^2"。
③編者注:本文"著作"多誤作"着作",據文義改,後不出校。
④編者注:"William Stanley",原誤作"W. iilliam Stan ley"。
⑤編者注:"Elisabeth",原誤作"Elis aleth",據前文改。
⑥編者注:"係"字原在逗號後,據文義改。

斯和蘇格蘭的地方及居民，幼年在法國、意大利，住過不少的時候，並且狠像走到過别的國。Lefranc 既蓄這樣的意見，於一千九百十六年七月的末幾天，要把他從前在英國一大圖書館借來的書，還給該圖書館，於未①還之先，又大略翻一遍。他偶然翻到一篇講别事的文章，裏面夾了幾句説："我們②從伊利薩伯后時候的檔案（state papers）中的一封信知道 Derby 伯爵於一千五百九十九年專力爲些職業的演劇家（common palyers）著作戲劇。"還有另外的兩封信所説底也差不多全一樣。Lefranc 説他見了這些，就非常的感動，就寫信到英國，調查各種的證據，W. Stanley 所著底戲曲，從來没人見過，也從來没聽説演過。他以後盡力研究這位伯爵的生事，覺得同他從前所預料底六條差不多全相合。他以後又寫信到英國借到 James Greenstreet 的兩篇東西，纔知道這位考古家微微説到 Derby 伯爵生事與莎氏的作的相合。但是那個時候證據未足，不敢斷定。Greenstreet 没於一千八百九十二年，他這一部分的意見，不惟没人信從，並且一點反響也没有。Lefranc 氏得到這樣無意的相合，他的確信更堅定了。

第二章略叙 Derby 家和 W. Stanley 的歷史。Derby 於十五世紀之末，英國北部，有一最著名的世家。William 的父親叫做 Henri，爲第四伯爵。他的哥哥叫做 Ferdinando，爲第五伯爵。William 生於一千五百六十一年，少年頗多游歷。他哥哥於一千五百九十四年死去，他就繼承爵位爲第六伯爵，死於一千六百四十二年。這一篇傳記頂可注意的就是莎氏所屬的劇班爲 Ferdinando 所保

①編者注："未"，原誤作"末"。

②編者注："們"，原誤作"他"。

護,這一班與英國其他世家的關係,再沒有比同 Derby 家的關係深。其次,凡研究莎氏著作的人全知道他從十六世紀末年一直到一千六百零七年或零八年有悲觀的傾向,在這個時期内,W. Stanley 繼承了伯爵,結了婚,可是他家裹債務狠多,並且常同他的嫂嫂打官司,他同他的夫人也不狠和協,常起争端,他就避到别處,上面所説底作戲曲,就在這個時期,這豈不是同莎氏悲觀的時期有點巧合麽?直到一千六百零七年他家的事情方纔就緒,他同他夫人也重睦了,這種巧合實在令人詫異。這一章第十二節關於莎氏和 W. Stanley 二人書法的研究,雖不見得有狠高的價值,却也狠有興味。莎氏的書法,我們所見到的,止有六個簽名。暫且不説他的書法笨拙、幼稚,單是他的字母就全不一樣!有一個寫作 William Shakspere;另外一個:Willm Shakspere;第三個:William Shakespeare。在他遺囑上的三個却簽的全不相同:第一,Willm Shakp;第二,Willian Shakspere;第三,Wm Shakspe。大家總要注意到,他的遺囑裹面第一個簽字簡直把 S 脱落掉。一個文學家,無論怎麽樣病,竟能把自己名字的正寫忘掉[1],這也太不近情理了。反過來 W. Stanley 的書法却是非常的好,Lefranc 把他的字給一個有名的書法學者(graphologist[2])看,這位書法學者并不知是誰寫的,他一研究,就説這個人有深厚的情感,文學的天才。我覺得 W. Stanley 的書法雖不足以證明所謂莎氏的著作實在是他作的,但是莎氏的書法,却使我們對於他的著作加一層懷疑了。

---

①編者注:"忘掉",原誤作"掉忘"。

②編者注:"graphologist",原誤作"graphologiste",據中文釋義改。

我覺得第三章是全書中頂有興味的一部分。大詩人 Edmund[①] Spenser 在他那首 *Colin Clouts Come Home Againe* 裏面，關係於 Aetion 的一部分，至今狠難解説。主張莎士比亞的正宗派（就是主張莎氏是真正著作人的人）全説這[②]樣的稱贊除了對於莎氏没有别人。可是他爲什麽把莎氏叫作 Aetion？Aetion 這個字狠明白是從希臘文 LETOS 鷹來的。莎氏正宗派没法講明，就説 Shakes-peare 這個字的字源，有舞槍的意思，這否[③]解説豈不是有點拈斷髯鬚麽？並且這首詩雖説於一千五百九十五年纔宣布出來，但是考古家考的狠明白，它是一千五百九十一年作的，於一千五百九十四年少有增加。Spenser 當莎氏可以在倫敦的時候，止住過倫敦兩次，第一次爲 1589—1590，但是頂恭維莎氏的歷史家全説莎氏這個時候還没有到倫敦。第二次爲 1595—1596，我們狠容易看出這首詩著作的時期在前。Spenser 對於絶無關係、絶不認識的人，這樣作詩來贊揚他，也太不像情理了。反過來，Derby 家的徽章正是一個舉起一個小孩的鷹。他這個徽章在英國很有名，爲不少的考古家所談及。在 Oxford 藏有一卷詩是 Damiell 給 W. Stanley 的妹夫所作來賀他的結婚。他這首詩就用鷹代表 Derby 家。並且 Thomas Nash 曾給 Spenser 寫信談到 William 的哥哥 Ferdinando 用以下所説的字：The matchless[④] image of honour, and magnificent rewarder of vertue Isve's Eagleborn Ganimed, thrice

①編者注："Edmund"，原誤作"Edmond"。

②編者注：原於"這"後衍一"這"字。

③編者注："否"，疑有誤。

④編者注："matchless"，原誤作"matchlesse"。

noble Amyntas。Nash 把 Ferdinando① 叫作 Amyntas②，可是我們再看 Spenser 的詩在 Aetion 前面說的是誰？却正是剛死的 Amyntas（這一部分是 Spenser 於一千五百九十四年 Ferdinando 死後所增加的）。接着欲惋 Amyntas Ferdinando 的詩句，就說到後來却并非不重要的 Aetion（And there though last not least is Aetion），然則說 Aetion 就是指這位很有文名的 William，豈不是很自然麼？

第四章從莎氏歷史劇中研究 Derdy 家所占底地位，第五章研究 Derby 家與伊利薩伯時代演劇人的關係，這兩章雖然没有狠特别的地方，但是，如果前幾章所設的假説不錯，這兩章也狠可以幫助我們明白這個問題。

我個人對於莎氏的著作素無研究，不敢妄定這部書的價值。但是我覺得莎氏的著作同莎氏所受底教育和人格太相懸殊，所以莎氏問題是狠合法的。如果這個意見不錯，Lefranc 的假説，雖不敢説是確定的，却是狠有希望的；因爲他所搜集的材料頗豐富，他所用底方法頗精密。

---

①編者注："Ferdinando"，原誤作"Eerdinando"，據前文改。

②編者注："Amyntas"，原誤作"Amyntae"，據前文改。

對於東南大學風潮的預測[①]

自東南大學風潮起後,議者紛紛,就是本社同人,也曾發過一點議論,可是他們對於東南大學,無論如何,總有若干的希望,我個人覺得這全是一種幻覺。實在這一次的風潮,外面上好像是郭秉文一個人的事情,實在並不如是簡單。因爲什麽呢?因爲江蘇教育會那一班"教育商",歷年以來,擴充勢力,就要及於全國,現在它的大本營之一忽然有所摇動,他們"商人"豈有不矢[②]死力争的道理?他們一黨的勢力既未能驟然拔掉,東大的風潮,就有圓滿解决的法子。據我現在的預測,外系——更可以説是無系的胡敦復總不容易回校,必須遲之又久,纔可以去一個名爲中立派,其實是接近郭系的人接任校長。從此以後,東大的教授總要有一部分辭職,學校不惟不能發展,就是從前的聲譽仍要一落千丈。江蘇教育會從此也要爲全國教育界所詬病,遲之又久,——又是遲

①編者注:本文原刊猛進 1925 年 4 月 17 日第 7 期"時事短評",署名虚生。

②編者注:"矢",原誤作"失"。

之又久！然而我國的事情那一件不是遲又久呢？——終被驅逐於教育界之外。我們所能看到底,只能是這樣！

辦通俗小日報者所應注意的幾件事情[①]

凡辦報的人頂重要的是要預先認定要吸那一部分的讀者。讀者的程度不同,他們所要知道的東西當然不同,如果不能預先認定,結果必然各方面不討好,辦報的失敗可以預先斷定。比方説,我們希望有一個通俗的小日報,我們對於第一小報,當然表示相當的好感,但是我不曉得,第一小報端的是要什麽人看的? 我聽説它有意替代群强報,可是群强報的閱者幾乎全是些没有上過[②]學校的人,第一小報上的材料,雖不見得很好,但是全没有上過[③]學校的人們怎麽樣能懂得? 我又聽人家説它想着爲想看大報而没有功夫者節省時間,這樣的報是否需要,已經是一個疑問,就是説應該有,想辦這樣的報,就應該將重要的確實的新聞儘量登出,其他的"雜要"完全删除,才可以應這樣的要求。你想那有

①編者注:本文原刊猛進1925年4月17日第7期,署名徐炳昶。
②編者注:"過",原誤作"這"。
③編者注:同注②。

忙人想要得平民的常識,想要看中山先生的挽聯及其他相類的東西?我近來聽説第一小報的銷路,異常不好,這實在是意中的事情,無足爲怪。我們覺得除了特别的報紙以外,普通報紙的閲者約可分爲三類:第一就是普通所説"上流的人",比方説,官吏、政客、教員,以及其他相類的人;第二就是大學和中學的學生;第三就是曾經上過小學,或竟未上過學校有識字的人。這第三類的人通常是不看報的,但是在大城裏面的人少有點不同,群强報正是銷售給這一類的人看。我們今天所説底通俗小日報,是嫌群强報和其他相類的報辦的太壞,想另外辦一種真能開人民智慧的報來替代他們,並且有銷售到鄉下去的野心。换一句話説,就是[①]我們所預先擬定底閲者,是城裏的和鄉下的曾經上過小學或全未上過學校而識字的人們。至於受過中等教育以上的人們,我們完全不從他們身上着想。我們覺得我們所擬定底閲者人數最多,關係最大,給他們一種適宜的報紙,實在是一件頂重要不過的事情。所以我們今日不揣固陋,來討論這一個問題,還希望另外有許多的同志,肯犧牲點功夫,同來討論它才好。

我們以爲想辦這樣報紙的人所必須知道底約有數事:

第一總須要知道人類智慧的能力,因能抽象而始擴大,但抽象是一件狠困難的事情。尤其是我們貴國的人們非常缺乏抽象的能力。知識較高的人對抽象[②]程度不很高的話,還可以勉强明白,至於我們所擬定底閲者,對於抽象的話,可以説是厭惡的,儘

①編者注:"是",原誤作"者"。

②編者注:"象",原誤作"像",據上下文改。

少說,也是不發生什麽趣味的。比方説我們勸[1]他們起居飲食全要清潔,如果單説這句話,可以預先決定一點的效力也不會發生的。如果你告訴他們説,他們的厠所,應該怎麽樣的掃除,不那樣掃除,就要有怎麽樣的微生物發生,他們聽話的興味,就要漸漸高起來了。如果你要拿一個顯微鏡使他們就眼看見微生物是什麽狀態,他的興味更要高了。即使不然,你給他們談一點某甲某乙的好玩的事情,把應該清潔的道理和不清潔的弊害,嵌到裹面,對於他們也可以生些良好的影響。這最末一點已經引我們到第二個條件上面。

所以,第二我們總要知道,終天聆着臉説正經話,我們雖然不能非議他,却總是有點討厭他。一切的人全如是,我們所擬定底閱者尤其如是。你終天給他講地如何的圓,迷信怎麽樣的不應該,講得高深他不懂,講得粗淺他討厭。你如果給他一本上下古今談看看,他一定不討厭你了。因爲什麽呢?因爲他們最要談的,是東家長西家短一類的事情,因爲那些談着可以不費心思。上下古今談雖然也談些道理,可是前面總還有些瑣碎的事情,引起他們的興味。如果你再把上下古今談和愛國二童子傳來比,他們一定更喜歡後者,因爲那裹面可驚可愕的事情更多。文藝在通俗教育上面有重要的位置,也就是這個緣故。

第三須要知道,如果想對於群衆道德方面灌輸一點東西,第一個要件是簡單,第二個要件是重複地説。民衆的記憶力是很遲鈍的,你如果正對他們説三遍兩遍,他們是不會記得的。重複地

①編者注:“勸”,原誤作“動”。

説如果討厭,那就因爲是抽象的原則。如果能用文藝把它表現出來,不管説來説去總是那幾個意思,也絶没有什麽討厭的。並且我們説過了:改革絶不是簡單地從這個情形换成那個情形,實在是鏟除舊習慣,造成新習慣(本刊第一期老生常談第一節内)。想造成新習慣,非重複地説,"强聒不舍"地説,還有什麽法子?又耶教初期之所以能成功,能使群衆受良好的效果,就因爲它捉着幾條簡單的教義,竭力在平民中宣傳,我們也曾經説過(本刊第五期老生常談第五節)。所以現在我們如果想對於平民道德有所盡力,止有捉着幾條主要的簡單的道理,用各種的形式去宣傳它們,講明它們,止要能持久,不厭煩,自然可以得到良好的結果。

第四須要知道平民所深感興味的東西就是他們那階級裏面的情形。比方説,一個鄉間的老太太,如果你同她講儒林外史,她一定不喜歡聽,你如果同她講三俠五義,她也不會發生什麽興味。你如果給她講一點佳人才子,或紅樓夢之類,她一定喜歡聽了。這因爲什麽呢? 就是因爲紅樓夢裏面包含着許多家人婦子瑣碎事情的緣故。東奔西馳的粗人喜歡聽黄天霸、展昭一類的傳説,念書人喜歡看杜少卿、馬二先生的故事,全是一個道理。我們所擬定底閱者是平民,所以文藝中所取材底故事,最好是平民中日常所見底可歌可泣的小事情。不過這一點説着容易,辦着却難。富於模仿性質的我國人,却想他們無所模擬,創造破天荒的平民藝術,這是一件多麽難的事情! 但是我國如果不想講新文藝則已,想講新文藝而仍取材於特别階級裏面,我們可預先斷定説:"此路不通行。"——魯迅先生説"民衆要看皇帝何在,太妃安否”,我相信這是北京舊旗人特别的情形,真正的民衆,絶不如此。並且民衆雖然説有崇拜重要人物的僻性,可是你給他們説皇帝的奇迹,他們固然愛聽,你要給他們説皇帝怎麽樣好玩,怎麽樣昏愚,他們也未常不愛聽;就是你給他説黄克强、孫中山的可歌可泣的事情,他們也未常不愛聽。可是在這裏,仍要記着那一件極要緊的條件,就是你所説底,不是抽象的原則,却是具體的好聽的事實。我們如果能守着這一點,破除他們舊日對於皇帝的迷信,實在不是一件頂難的事情。

第五我們對於他們所用底話,同他們自己所用底話愈近愈好,至於新名詞能躲到什麽步田地躲到什麽步田地。因爲什麽呢?因爲他們對於異言異服的人,實在有點不信心。比方説,我們如果想給民衆説一件事情,却穿着皮鞋,帶着金絲眼鏡,他們一定要存一種“敬鬼神而遠之”的態度;如果你能同他們一樣穿一身破綿袍,留着向下的鬍鬚,他們對於你的話一定比較的容易承受。如果你能説他們的土話土音,他們的承受要更容易了。所以在我們理想中的通俗小日報裏面,不惟他們所不懂得底新名詞一定不能用——如果有必要的時候,必須講明再用,那是自不必説——就是他們所能懂得底特别的名詞,也是得不用且不用爲好。如果止想行銷到北京,就要説一口的北京話;如果還想行銷到鄉間,就要説一口極漂亮的非文人的普通話。意思雖新,面目却熟,那自然容易發生效力了。——實在北京話同普通話並没有多大分别。我還記得前二十年的時候,我們在家裏念彭翼仲所辦底京話日報給我母親聽,我母親並没有出過河南,可是她聽着非常高興,常問説:這是什麽人?何以説得這樣好呢?

綜合以上所説,可以知道他們所歡迎底材料,是具體的,不是抽象的;是有文藝性的,不是真述的;我們對於他們所宣傳底意思,應該是簡單的,重複的;所用底材料,應該是民衆的;所用底語言,應該是極普通的,如果能帶點土氣更好。認清這幾件事,纔可以辦通俗的小日報。這是原則一方面的事情。至於具體的計畫,我們還有些話要説。不過今天已經説的不短,留待下次再説罷。

與劉奇書[①]

劉先生：

據本社同人的主張，中山先生建銅像的惟一地方，爲天[②]安門前。一因其據國都的正中；二因其規模宏暢；三因其爲一入國門萬目共瞻的地方。此外不惟中央公園不合宜，就是景山、北海、頤和園全不合宜。我們當竭力反對市政公所在天安門外建市場的謬舉，另外應當全國人集資建立中山先生的銅像，并將中華門内的空地點綴成美麗的真正的公園。那裏不需要茶館，不需要假山，只要多設游人休息的凳子，已經彀[③]了。至於景山的應當開放，並且應當開放成非中央公園式的公園，那是當然的問題。我們也應當聯合起來，向清室善後委員會去要求。至於對於公園我還有很多的意見，現在限於篇幅，暫且不説，等到下一期我再來詳

---

①編者注：本文原刊猛進 1925 年 4 月 17 日第 7 期“通訊”，標題爲編者所加。
②編者注：“天”，原誤作“文”。
③編者注：“彀”，原誤作“殼”。

説罷。

徐炳昶。十四,四,十三。

附劉奇原文:

中山公園應在景山!

——景山改名“中山”

“中山公園”建設之必要,已有一致的主張。不過地點問題,尚多歧議。我以爲最好是在景山。因景山地居北京中央,且係清朝入關思宗①殉難之史迹所在處。中山先生乃一手革除君主專制之人。在這種地方留一個紀念,尤覺得意②味深遠。况中山先生遺囑,欲卧寢南京紫金山,與明太祖光復之功,先③後輝映。則景山建園,當亦爲其所心許。

我們也不是借此鼓吹偏狹的種族主義,因爲所有歷史上種族間之侵掠征服,根就是人類自殘之錯誤,更無報復之必要。所謂“光復”之紀念,也不過是表明某種錯誤已經由某人等修正了!

現在清室已告結束,我們的仇恨自然也歸消滅。惟清室善後委員會近日既將宫庭開放,任人售券游覽。故不如即趁此時,將景山地方改建“中山公園”,景山亦改名“中山”。銅像即建於山前,任人瞻仰,不應售券,以免剥奪民衆出入之自由。如

①編者注:“思宗”,原誤作“神宗”。

②編者注:原於“意”後衍一“外”字。

③編者注:“先”,原誤作“光”。

此則比較“茶館化”之中央公園優勝萬倍。

有人或謂景山地方狹小,不敷布置,不如以規模宏大之頤和園改建。但恐該園離京較遠,去者究有限制。且在專想要錢的現政府之下,售券不免昂貴,多數平民仍是不得其門而入。景山地方目下雖有限制,但可俟政治當局者頭腦稍清時,將北海墻垣拆開,連成一極大公園,則規模亦不亞於頤和園。目下不妨就此布置,徐圖發展。若必初時鋪張,恐致重而難舉。況南京墓地,首需巨款建造,北京方面,實以漸進爲宜。且年來國人辦事,每多虎頭蛇尾。現在對於偉大如中山先生之紀念事項,雖不欲以舊例預測;終恐國人感情,逐漸冷淡,以至日後雖小事亦不成功。故述個人意見如上,願關心此問題者,共來研究,助成美舉!

三月二十九日,北大,東齋。

答晦明先生書[1]

晦明先生:

你所説底"各人有各人所經驗和理會底宇宙",實在是一件顛撲不破的道理。

即以我們猛進的封皮説,那上面兩個大黑字,是我們的一位朋友周先生用我的一支禿筆,極不服用的筆寫的。我們雖然没有像先生瞧來瞧去,"覺得它們在紙上活躍起來,向我[2]笑!"我們總是覺得他寫的還好,儘少説,還不至於"拙劣",我們才用它。不過封面另外的部分,我們當時的出板太倉卒了,自已承認没有弄好,以後覺得没有很大的關係,所以也没大改它。

接到P.H先生的信以後,同我們人的意見有一部分相合,就是我覺得這兩個字雖不見得拙劣,却實在是太大了。我們就聚會了兩次商議着换這兩個字。商議的結果,大多數的意思與先生相

①編者注:本文原刊猛進1925年4月17日第7期"通訊",標題爲編者所加。
②編者注:原於"我"後衍一"筆"字。

同,説"硬要寫這般大"才好①,並且這兩個字也不必换,不過另外不適宜的地方全要改掉。因爲我們同人全是異常地忙,所以雖已決定,而一直到現在還没有改,這是我們對於閲者很抱歉的。這件事的經過,大約如此。

無論先生同 P. H 先生的意見怎麽樣不同,可是你們兩位,對於這件小事情,這樣熱心地研究,我們全是很感謝的。

徐炳昶。十四,四,十四。

①編者注:"好",原誤作"奸"。

這真是中國人的公園![1]

如果你對於一個没有到過歐美和没有詳細聽説過歐美公園是什麽樣子的人,問他理想中最好的公園是什麽樣子,他的答詞,我想大約總是:這裏有什麽樣的假山,那裏有怎樣多的茶坐;這裏有碎石砌花的甬路,那裏有畫棟雕梁的游廊;這裏有什麽岩松,那裏有什麽怪石;括總講起,他們理想中的樂園,如果不是寸步難行的中央公園的放大,一定是無法出氣的御花園的擴張。至於説那裏有什麽湖沼可以划船——我所説底划船,當然是自已划,至於農事試驗場裏面那樣載貨式的划船,是什麽樣一件大殺風景的事ㄋㄚ!——那裏有什麽寬廣平坦的道路可以散步,可以跑自行車,那裏有什麽細草如茵的廣場可以休息,可以吃野飯,那裏有什麽深密鬱茂的林木可以聽鳥聲,他們做夢的時候,也未見得能夢到那些。

①編者注:本文原刊猛進 1925 年 4 月 24 日第 8 期"時事短評",署名虚生。

再進一步説,兒童爲人類的“花朝”,最需要廣大的公園,使他們得與慈愛的自然界長相接觸。可是我國談公園的人們,何嘗想到我們這些小弟弟、小妹妹們,何嘗給他們作過一點設備。回想在歐洲的公園裹面,那些小弟弟、小妹妹們,有羊拉的車可以乘坐,有傀儡的戲劇可以觀看,——就是北京所叫作ㄕㄨㄚㄏㄡㄌㄧㄗ一類的東西——有木製的自動的自行車、馬、船等類的東西可以練習,有美妙的音樂可以聽聽,甚至於因爲一切的小弟弟、小妹妹們全有喜歡土的習慣,又恐怕不乾净的土或至於扎傷他們,就特别預備許多乾净的砂土以供他們的玩耍,爲小朋友們的設備,可謂應有盡有。我國辦公園的大人先生們,就是做夢,也怎麼樣能想到這些瑣碎的事情呢?

中央公園已經鬧得寸步難行ㄌㄚ,公園的董事們,猶以爲未足,還要去堆那些亂石頭,添那些礙事的廊子,我們也没有工夫再去説他們。北京可以辦作像樣公園的地方,從現時説起,止有先農壇和天壇,可是辦市政的先生們,好像没有法子了,這樣遼闊無聊的地方,除了拍賣它,還有什麽樣用處呢?想在那裹偷錢,自然也是一件主要的原因,但是説它是惟一的原因,未免有一點冤枉他們。你想給他們這樣大而無當的地方,你教他們怎麽樣安插它呢?

雖然如此,中央公園總是中國人的公園。外國人逛公園,是要去走着散步的,中國人逛公園,是要去坐着看人的。你如果不信,請你坐到天壇,查查游人裹面有幾個中國人,有幾個外國人,就可以知道我的話並不是無根之談。外國人有一句俗話説:有什麽樣的人民就有什麽樣的政府。我現在换一句話説:有什麽樣的游人,就有什麽樣的辦公園的人。再加一句話說:像我們貴國這樣麻木不仁的人們,也止配逛!——或者說的更恰切一點,也止配坐這樣的公園。丨ㄌ丨!這真是中國人的公園!

論命運[①]

命運的觀念,同人類的苦痛有同一的年紀。凡人當困心拂慮的時候,逃避不能,解脱無法,厭倦奮鬥,遂把一切過失諉於盲目的命運。並且這個觀念,不惟普及於群衆的心理,就是聖賢豪傑,也逃不出它的範圍。孔子當"大道不行"的時候,就説這是"命運"。希臘人説 Jupiter 爲最高的神祇,但荷馬所著的詩歌,説在 Jupiter 以外,還有一位盲目的 Moira,他的威力可以支配茹畢德 Jupiter,Jupiter[②] 却一點不能怎麽樣他。從文化歷史上,略看一看,就可以知道命運觀念的威力了。

同人類關係非常重大的命運,却是盲目的,這就説它是不合理性的,不受理性支配的。它如會[③]真是不受理性支配,我們也就無法明白它,計算它,預先知道它了。並且它的勢力非常的偉

①編者注:本文原刊猛進 1925 年 4 月 24 日第 8 期,署名徐炳昶。
②編者注:"Jupiter",原誤作"Jiupiter",據前文改。
③編者注:"如會",疑作"如若""如果"。

大,它的影響,好像滲進人類生活的全體,所以它同理性,幾乎成了不兩立的形勢。如果我們信用它,理性就要退處於無權。什麽哲理,什麽科學,恐怕要全成了虚僞的、無用的事物。但是我們從進化歷史上,已經看見人類萬不能離開理性,理性的勢力,一定不能比命運小。我們既[①]然信用理性,就不能不把命運的觀念細地解析一下子,看它端的是怎麽樣成立的。

據我們現在解析的結果,命運觀念底所含底要素,略如以下所説:

一、命運是不可抵抗的。比方現在有一個蚊子來吃我們,我們伸手就可以把它捉住,就是還没有捉住,我們却是知道它有捉住的可能性,這個時候我們一定不説蚊子吃我們是命該如此。如果有一個大地震死到成千成萬的人,不結論到命該如此的,恐怕没有幾人。我國古代的人覺到黄河有不可抵抗的勢力,所以黄河决口,總覺得是天命。現在人智少進,知道它是很可以治的,所以它的决口,就成了人事的問題。因此我們就可以知道不可抵抗的威力一失,命運觀念也就要消减[②]了。

二、命運是不能預見的。如果一個人驕奢淫佚,以致窮困餓死,一定没有人説他是命該如此,却説他是活該,因爲我們看他素行已經知道他是應該如此的。轉過來,有一個勤苦治生的人,一旦遇着兵荒,鬧得一貧如洗,我們對於他就不能不嘆口氣説這也是他命該如此,因爲按着他的行爲,似乎不應該得着這樣結果的。所以我們按普通的人事物理,預先料到的事情,就覺得它是應該,

①編者注:"既",原誤作"現"。
②編者注:原於"减"後衍一"也"字。

預先料不到的事情,就要諉於盲目的命運了。——這上面所說的兩種,就是命運的重要性質。離了一樣,就不能算作命運。比方説,人不呼吸就死的事實,雖然無從抵抗,却不能算作命運,因爲我們可以預先知道它。反過來,就是冬天跑出來一個蠅子,我們雖然並没有預先料到,也不説它是命運,因爲我們可以抵抗它。從這兩種重要性質再深求起來,又得到一種根本性質。

三、命運爲偶然的非必要的。如果我們知道黄河的淤塞和決口有必要的關係,一定不説它是命運;如果我們知道議員官吏受賄同政治混亂有必要的關係,一定不説中國的政治混亂是命運。因爲我們覺得事變的來,也可以是這樣,也可以是那樣,它來的時候,却是這樣,不是那樣,我們不能不説它[①]是命運:我們預先絶不覺得它要來,它却無緣無故,偶然來了,我們更要説它是命運。賭博的人最信命運,就因爲起的牌,擲的骰子,來的顔色數目,全是偶然的。棋雖然也是戲具,因爲不知道下的人絶没有贏的希望,偶然性失掉,命運無用,也就不成爲博具了。

從以上所説,可見命運和偶然是兩個不很能分開的觀念。命運觀念的自身,既爲神秘勢力所包圍,我們止有從偶然觀念,或者可以得着點光明。可是偶然端的是件什麽事情?宇宙間是否有偶然來的事物?如果没有“有同一的原因,就必要地有同一結果”的假定,不惟道德失了根據,科學失了基礎,恐怕日用行爲也没有一點標準,一件事情不能作,一步不能行了。什麽叫做知識進步,就是從前覺得這一類的事變是偶然的,現在覺得它們仍是

①編者注:“它”,原誤作“他”。

必要的。必要性同知識有不可分離的關係,何處没有必要性,何處就爲知識所達不到底界域。近世科學進步,使我們知道不惟個人心理受必要定律的支配——人類心理受定律的支配,同意志自由並没有根本上的衝突——就是群衆心理裹面也有定律的存在,至於宇宙間無機物體受定律的支配更不必説了。勤苦治生,並且好行其德,普通的心理總是希望他福壽雙全,康樂永寧的,可是遇着[①]了預料不到的兵燹,鬧得産業蕩然,甚至於家敗人亡,群衆雖有惻隱的情緒,却無遠大的見識,又迫於不可抵抗的威力,無可奈何,只好推之於運命。秦檜窮凶極惡,殘害忠良,凡中國的人全想寢他的皮,食他的肉。可是因爲無抵抗的勢力,就讓他富貴壽考,壽終正寢。大家無法泄忿,作一種無聊的極思,不幻想出來火山血樹的死後的刑戮,就長嘆一聲説,氣數使然。殊不知道社會是一整個的,你如果專就那一個人所作底行爲和所得底結果比較,誠然有許多不可解底地方,好像是偶然用事的地方,你如果真把社會當作一整個,精密地去考察,何嘗有一件没有原因,不是必要結果的事情?再進一步説,宇宙自身也是整個的,就是在極遠的隨便的一個事變,全同我們有息息相通的關係。希臘哲學家 Chrysippus 説:"宇宙中間絶没有孤立的事情,一滴酒滴在大海裹面,不惟散布於海水的全體,並且散布於宇宙的全體。"這個意見,如果有人對於歷史上的事變,作一種深密的觀察,一定可以找出來極多的例證。所以你如果把宇宙打得粉碎,從每一個分子裹面找它的因果,自然有許多不可解的,不得不推於運命的事情;如果你把宇宙中間的事

①編者注:"着",原誤作"看"。

變合攏來看,你一定可以找出它們中間有再親密不過的因果關係。你如果專就你個人的成敗立脚點看起,你自然可以覺得你的努力和成功有太不比例的地方,如果你能把社會全體的總事變參伍錯綜,考它們的變化,你一定可以知道努力和成功的比例一點不差,在社會裏面,絶没有一件可僥幸的事情。我們在宇宙中間爲極小的一部分,對於全體的事變,常常有不能抵抗的地方,我們也承認,但是我們對於全體並不是完全受動的。我們對於全體,仍能起一種反動,反動的影響非常地小,我們也承認;但是無論影響怎麽樣小,總算是能生一種影響。不惟如是,宇宙中間有許多的事變,很可以比作放在四面削成的高山尖上的一個石球:你如果不去加一點力,它可以永久留在那裏;你如果肯加一點力,它不惟可以變動原位置,並且要一直滚到山根下面。人類有一種同情心,傳播的極快。你如果給他們一種動力,它可以發生極大的影響;如其不然,他們可以停着不動,腐爛在那裏。止要你的感情深摯,思想清楚,意志堅强,你就可以對於盲目的、偶然的運命作一種劇烈的鏖戰。並且這位運命先生煞是好笑:你不同它鏖戰的時候,它好像是不可抵抗的;及至你同它真去鏖戰,它又要後退了。人類歷史的進步,就是人類理性對於命運繼續的戰勝。不承認它有不可抵抗的勢力,有勇氣敢同它奮鬥的,就是優等的民族;眼睛看不清,被它嚇住,不敢同它奮鬥的,就要被天然的淘汰。希臘先民雖然也承認 Moira 的無上的威力,可是你如果讀 Sophocles[①] 的戲劇,你可以感覺到他對於命運,有什麽樣的痛恨。並且這些並不是 Sophocles 一

①編者注:“Sophocles”,原誤作“Sophocler”。

個人的意見，實在是希臘人的精神，由 Sophocles① 健利的文筆寫出來。歐洲人承繼這種精神，所以對於命運能作繼續的戰勝。至於我國，雖也有人定勝天的説，而樂天任命終究是國民普遍的心理。無勇氣的人們！你們是要挺着任盲目的命運壓死呢，或是還有少許的勇氣敢於同它奮鬥呢，那却全在你們自己，别人無法干與了！

①編者注："Sophocles"，原誤作"Sopocles"。

與韻石書[①]

韻石先生：

先生所主張底開放太廟，是我們最贊成的一件事情。那些木牌子，把它們送到壽皇殿裏面固然可以，就是仍留在太廟那一間小屋裏面，當作古物保存，也没有什麽大不了的事情。不過先生對於中央公園所説底話，我們却不敢附議。

先生説中國人程度不齊，我們也承認。但是我們却有些荒謬的意思，與先生不同。我個人每次到中央公園，從來没有同人家坐在一條凳子上面休息。這並不是因爲我怯生，實在因爲我每次看見他們那些好像患貧血症的面孔，扭扭揑揑的身材，更加着有些穿着妖怪似的衣裳，的確没有法子同他們坐在一條凳子上面。在那些公子小姐的心目中間，同一根凳上面，没有坐着我這樣的一位窮措大，或者絶没有不高興的地[②]方；可是在我這一方面，我

①編者注：本文原刊猛進 1925 年 4 月 24 日第 8 期"通訊"，標題爲編者所加。

②編者注：原於"地"後衍一"地"字。

老實告訴你先生説:我是不屑與同[①]他們坐在一起的。我又想,設若中央公園不賣門票,勞動界的兄弟姊妹們可以進去玩玩,我要同他們坐在一條凳子上休息,我覺得我很有榮施。但是,——但是,在那個時候,看見他們那些紫棠色的面皮,壯健的身體,質樸的精神,我返身一觀,自己覺得慚愧,不敢同他們坐一塊去獻醜,也未可知。

先生或者説:勞動界的朋友們究竟是腌臢一點。那實在也不見得。像妖精似的公子小姐們,半年不洗澡,三個月不换襯衫,也不是一件奇怪的事情。不過他們血管中的血貧乏一點,他們又不肯費自己的血汗去做事,少一點血汗的氣味罷了。

我們對於太廟,主張把它完全開放,把那裹面的正房子改作中山博物院(參看猛進第三期的紀念中山先生和革命),外面培植花樹,點綴成美麗的真正平民的公園;止有游息凳子,不設茶坐。另外將有功於民國的科學家、文學家、政治家的半身石像,錯落建於花樹中間,使平民[②]隨便瞻仰。——中山先生的像,我們曾經説過,一定要在天安門前建立,無庸再説。如果有人疑惑不設茶坐,那我國喜歡[③]坐着看人的游人勢將裹足不前,那也許是有的。好在革命先烈和真正的科學家、文學家,對於這一類麻木[④]不仁的游人,也不見得看在眼裹,他們不來,也就罷了。

至於中央公園是否還要賣十六個銅子,好在我國比它更荒

①編者注:“與同”,疑衍一字。
②編者注:原於“民”後衍一“的”字。
③編者注:“歡”,原誤作“觀”。
④編者注:“木”,原脱,據文意補。

謬的事情多的很,比方說,農事試驗場的由十六個銅子一躍而爲兩毛大洋,天安門前的建設市場,先農壇内的拍賣地方,一切等類,不勝枚舉。我們雖然不能够因爲這些就饒恕中央公園的名不副實,可是總因爲有這些,就生出"豺狼當道,安問狐狸"的感想了。

徐炳昶。十四,四,二十一。

附韻石原文:

中央公園怎麽還不放大呀?

中央公園的票價長到十六個銅子,很有反對他的,説他是"中央私園",因爲外國公園不要錢,這個園不但要錢,還隨意加價,所以要駡他。

我想中央公園的要錢,一方是因爲人民程度幼稚,藉此可以限制亂七八糟的人胡往裹跑,一方可以弄幾個錢維持他的修理費;這也是他們不得已的苦衷。(我可不是董事。)他現在受了銀貴銅賤的影響①,又加上六枚票價,游客自然是不願意,我想了一個法子,票價仍舊賣十六枚,還要游人心平氣和。

我的法子是擴充中央公園,把東邊的太廟拿來廢物利用。

宣統十六年的小朝廷,好容易有個委員會把他善了後,

①編者注:"響",原誤作"嚮"。

那些無用的木頭牌子還占着那大的地方幹什麽？我也不是説"毁其宗廟",暫且把那些近世的古董歸到壽皇殿裏,把東西兩邊的門開通了,西邊要能值銅元十枚,東邊算六枚還不值嗎？

是不是應該想另外的一個法子呢?①

作什麽的人一定需要是懂得什麽的人,這是一件頂粗淺的公理(Axiome),不需要什麽專門學者用什麽特别方法去證明它,才可以明白的。

但是這件公理,在我們這文明古國裏面,是完全不適用的。

比方説,中華民國總執政的重擔子寄在段合肥的肩頭上面,一定是因爲段先生對於中華民國知道的很明白,這豈不是一件很合論理的事情?而孰知乃大謬不然。

段先生和其左右的人,除了知道帝國的元首該叫作皇帝,民國的元首該叫作總統或執政以外,實在不見得還知道什麽事情。

民國總該有人民的代表團體,運用代議制度爲民國政治家頂主要的一件事情,是無論什麽人全不能否認的。

段先生及其左右却從來不曉得代議制度是怎麽一回事。當

①編者注:本文原刊猛進1925年5月1日第9期"時事短評",署名虚生。

安福俱樂部大收買國會議員的時候，人家都罵他們罪大惡極，我覺得這實在是冤枉他們，他們並不曉得什麼叫作代議制度，你們却要勉强他們去運用它，他們不賄買，還有什麼法子呢？

現在時勢變了，賄買的法子不能再用，他們也有點明白了。並且他們很聰明，於無可設法之中，又想出一種遷延的法子。大家近來全怪他們剥奪國民會議的議政權，却不知道這仍是那一套老把戲，面目雖改，精神全同。你們强一個不懂得代議制度的人們來運用代議制度，却又來怪他們的遷延，豈不是太錯怪了麽？

大家如果相信上面所説那一件頂粗淺的公理不能適用於中國，也就罷了；如其不然，我問大家，是不是應該想另外的一個法子呢？

Gentleman 和 Gentil 的分别
兼致錢玄同先生①

自從我讀了錢玄同先生寫在半農給啟明的信的後面(語絲第二十期)裏面挖苦"ㄓㄣㄊㄌㄇㄣ"的話,我非常地起同感,以後有一天見了錢先生也就説了許多話。錢先生在回語堂的信(語②絲第二三期)的末了,又引起我的話,但是錢先生把我的話弄錯了,並且我的怕 Gentleman 也有很多人不諒解,所以今天來寫這一點東西,兼致錢先生,辨明他的誤會。

我那一天對錢先生所説底話大約如下:"你挖苦 Gentleman③的話實在是好極了。近來我對於④自命 Gentleman 的人非常地害怕。但我實在對你説,我的偏見是很重的:我不贊成英國所説底

①編者注:本文原刊猛進 1925 年 5 月 1 日第 9 期,署名徐炳昶。
②編者注:"語",原誤作"説",據前文及回語堂的信實際發表刊物名改。
③編者注:"gentleman",原誤作"gentbeman"。
④編者注:"近來我對於",原誤作"近我來於對"。

Gentleman,却贊成法國所説底 Gentil[①](這中間大約夾有錢先生的問話)。實在在法文裏面並沒有與 Gentleman[②] 意思相當的字。與 Gentleman 字源相同的字有 Gentilhomme,但此字係指中世紀的一種貴族,對於現在的人不能用。同 Gentleman 同字源的字另外有一個形容詞 Gentil。……”底下還有講 Gentil 同 Gentleman 的分别的許多話,大約當時没有説很明白,所以錢先生仍説“我不知道”。他所説底ㄖㄤㄉㄧㄛㄣ,大約是誤聽 Gentilhomme 一字(這個字的國音是ㄖㄤㄉㄧㄡㄇ),其實這個字有特别的意思,與現在所説底 Gentleman 絶無相干。

Gentleman、Gentilhomme[③]、Gentil 全出於拉丁文的 Gens。羅馬人的大家族叫作 Gens,英文就從這個字得到 Gentle 的形容詞,法文得到 Gentil(國音當讀ㄖㄤㄉㄧ)的形容詞。這兩個字的原意全是屬於貴族,或有大家風範的意思。Gentil 後加名詞 Homme(人)就成了 Gentilhomme。Gentle 後加一名詞 man(人)就成了 Gentleman。這兩個字的原意全是指中世紀的貴族。但是 Gentilhomme 保着它的特别意思,對於現在的人是不適用的,除了説某人 Vivre en Gentilhomme(按字面,是作貴族的生活,實在的意思就是什麽事情全不作)。法國對於現在的人止問他是否 Gentil。可是 Gentil 和 Gentleman 在字源上雖有若干的關係,它們用的時候,意思却大有差異。Gentleman 總保存着它那特别階級的意思,雖不一定是傲慢,而與傲慢觀念發生關係的時候很多。至於

①編者注:“Gentil”,原誤作“Gentii”。
②編者注:“Gentleman”,原誤作“Genlteman”。
③編者注:“Gentilhomme”,原誤作“Gentihomme”,據前後文改。

Gentil 裏面,絶没有特别階級的意思,它的含意雖多,然而確實説來,頗與有禮貌有相當的意思,不過有内外之分罷了。所以 Gentleman 可以譯作有紳士風度的人,而 Gentil 却絶不能譯作紳士風度,僅可譯作和易可親。Gentleman 有臭架子之可擺,而 Gentil 的人却絶無架子之可言。如果大家還不很了然,我可以再舉一個實在的例子。章司法總長在我們中國成了 Gentleman[①] 的代表,是大家全知道的,我個人雖然没見過他,然而據我的聽説,好像他不見得是一個 Gentil 的人。吴稚暉先生信口而談,什麽鄙俚污穢的言詞,全可以出諸口中,寫在筆下,實在有點太不 Gentleman 了,可是凡認識吴先生的人,全要覺得他是一位最 Gentle 不過的人。這兩個字含義的區别,大約如此。

①編者注:“Gentleman”,原誤作“Gentlemon”。

答翟韶武書[①]

韶武先生:

我對於你的信,要説的話太多,現在限於篇幅,只好等下一次再説。不過今天我只告訴你一句話,就是:現代評論的作者全是我們最好的朋友,他們搬着學者的面孔,在那裏正襟以談,令人懔然生畏,肅然起敬,那裏是我們猛進社這幾個不 Gentleman 的人所能趕得到的呢?

徐炳昶。十四,四,二七。

①編者注:本文原刊猛進 1925 年 5 月 1 日第 9 期“通信”,標題爲編者所加。

附翟韶武來信：

旭生先生：

看過了六期猛進，生了不少的感想，擇最重要——我所認爲最重要的談一談：

我覺得中國社會太枯燥太暮氣了，非有很鋒鋭的東西把它衝破不可。然而做這樣工作的人又太雜亂了，太無具體計畫、系統思想了——所以像現代評論那一幫所謂優秀份子者，尚且是零零碎碎批評時事。這種頭痛醫頭、脚痛醫脚辦法，大人先生們正在努力作他們的出軌運動，誰來睬你？及至一睬，活該倒痗——輕則封禁，重則拘押。在猛進前四期中看見先生的文章，既敢於嚴刻批評，又有具體主張，真使我高興而且佩服！這一點，是我特别認識猛進的地方，也就是我特别認識先生的地方。不幸，不幸看到五六兩期，"自衛團""新國民軍"銷聲匿迹了。也不知是因爲引不起社會注意不談了，或者另有特别原故？這是我的失望於猛進的。

先生説中國人没有狂熱，我想在清末的革命黨人，很有狂熱的氣概。袁世凱摧殘士氣後，又出了許多只談話不做事的先生，坐到租界喊革命。少年人看穿西洋鏡，領袖失去信仰，中國於是愈没希望了。我的意思，單是談決不够用，必須親自去做，才表示出來自己對於主義的信仰。比如先生主張"自衛團"，固然是打倒軍閥的一個辦法。然而先生既主張"自衛團"，先生便該跑到民間去辦，號招朋友一齊去辦，假使坐在北大當教員，單讓别人去辦，不客氣點説，先生也和坐在租界喊手槍炸彈的差不多。這是我對於猛進社諸先生——

尤其是先生,所最希望的。

其餘略爲重要的還有,暫止於此,再談。

祝頌

體健!

翟韶武鞠躬。

籌設中山圖書室之提議[①]

昨天我看見語絲第二十五期,讀錢玄同先生的介紹戴季陶先生底孫中山先生著作及講演紀録要目,對於戴先生、錢先生這樣的熱心,使我們想真知道中山先生的意見和人格的人有所憑藉,真是非常地感謝。但是仔細一想,孫文學説、建國方略等書,在青雲閣、勸業場、東安市場等處,還是絶無僅有,戴先生所開底著作及講演記録要目,又豈是容易搜集完全呢? 況且戴先生所開底不過是一種要目,與歷史有關的材料,當然不止這些。我們真想研究他的歷史又有什麽法子呢? 所以我想最好是趕緊成立我們所提議底中山博物院。但是據現在的時局,恐怕這種提議的實行,還需要不少的時候。爲立時可以辦到起見,我覺得最好是由北京大學籌設一特别圖書室,名曰中山圖書室。凡中山先生的著作盡數收入,自不待言。即孫夫人及其友人處保有先生手迹與歷史有

①編者注:本文原刊猛進1925年5月8日第10期"時事短評",署名虚生。

關係者,如肯捐助本圖書室更好,如不能,即由本圖書室派人録副,以備研究。無論本校學生及校外願研究者,得特別的允許,即可入覽。並將研究的結果揀擇發表,則對於歷史科學一定有狠大的貢獻,對於革命進行也一定有不小的影響。

再答翟韶武書①

韶武吾友：

我讀了你的信，使我生出無限的感慨。我以爲現在中國的人民如果不早自醒悟，自行聯絡起來去抵抗强權，專去希望那一個人、那一黨人到了政治舞臺上面，鏟除軍閥的勢力以救濟我們，那就是自行弱喪而不知歸，即使沈淪到十九層地獄下面，萬劫不復，也没有大可憐的地方。中國這幾年來，絶無所謂政治，不過是些失業的游民，聚到一塊，在那裏亂打亂咬。他們的勝敗，大約循同一的軌道，就是：一個人得志，他的左右親近，全想跟着他升官發財，作聯長的想升營長，作營長的想升團長或旅長，依此類推；及至升過以後又想再升；他們爲達升官發財的目的起見，就竭力給他的舊上司抬轎。遇着他的上司有野心，自然樂得他們抬轎，就是没有野心的，也被他們抬着不得不走。

①編者注：本文原刊猛進 1925 年 5 月 8 日第 10 期“通訊”，標題爲編者所加。

或者到督軍栽下來了,或者到巡閲使栽下來了……至於他們抬轎的人,少得相當的地位,就無没[1]度地擴充自己的武力,因爲這個,自己又不得不受人抬。栽來栽去,還是小百姓遭殃——誰叫你們醉生夢死,不聯合起來努力自衛呢?——如果有知道曹、吴第三師的歷史的人,一定可以找出來最顯著的例子。可是北方如此,就是在廣東的滇軍、湘軍、豫軍,又何嘗不是如此呢!止有幾個有政治理想的人浮寄在上面,想成改革的大業,豈不是緣木求魚?所以我個人覺得練個衛團與新國民軍,抵抗軍閥,實在是新中國惟一的途徑,我捉住頭髮想三天,也没有想出第二條道路。近來張君勱君的練民兵,王怡柯的國民武裝,還有其他不少的議論,令有同一的傾向。不過大家有相類的意見的雖然不少,而有具體的計畫的,一直到現在,我還没有看見。我雖然少有具體的計畫,但是我自己覺得很不完備。我近來覺得單從這一方面下手而抛去通俗教育是不行的,所以我非常希望有一個通俗小日報,希望國音字母的趕快普及,希望……暫止不談,不是抛棄主張,不過是我的思想尚未完全成熟,尚未成就系統的一種表示。對於自衛團,我也還有許多話要説,但因功夫不多,止得少停幾天。至於實行的時候,還有幾個可疑的要點,我也須要把它們想清楚,才可以作堅决的主張。你怪我不去自己實行,我實在很抱愧。思想尚未成熟,怎麽去實行呢?至於將來,我還有體力上、精神上、物質上的困難,不曉得能勝過否?總之現在我極希望大家把這一個問題仔細研

[1]編者注:"無没",疑衍一字。

究,詳細討論;將來如果有人要去實行,我總要盡我力之所能,共同進行。現在我之所能説者不過如此。

徐炳昶。十四,五,五。

對於今年五七學潮的感想[①]

今年五月七日,因爲教育當局、巡警長官妄行干涉學生的紀念國耻,致釀成砸毁章宅,砍傷和逮捕學生的風潮。看今天(十二日)的報章,雖學潮未見得就會平息,可是全體罷課的舉動,大約可望不致實現。這種非至萬不得已,不輕犧牲學業的决心,實足以表明近年學生界有很重要的覺悟,絶非當局辦理妥善的結果。

國耻的應當紀念,凡少具有國家思想的人全會知道;紀念國耻的不應該干涉,就是抱國際主義的人也不能不承認。章士釗自言:"關於五七事件,事先士釗原怕鬧出亂子,故行令各校禁止學生是日集會。……士釗對於此事的動機,敢信并無不是處……"(見今日晨報)我們百思所不能解底地方,就是黎元洪、曹錕在臺上的時候,並没有禁止五七開會,也没有鬧過什麽亂子,何以今年

①編者注:本文原刊猛進 1925 年 5 月 15 日第 11 期"時事短評",署名虚生。

段祺瑞上了臺，就怕開會鬧什麼亂子呢？章氏自信動機無不是處，動機在章氏的心裏，我們那裏能知道？章氏素日自命學者，好談邏輯，我很希望他詳細告訴我們，他的禁止紀念國耻，是據什麼學理，靠什麼邏輯才會作出來的。

日本乘歐戰的機會，逼我國於險地，拿二十一條强迫我們的承認，那是我們全國人民所應當日夜記清的事情。他們一天不肯明白廢除二十一條，我們就應該一天把這二十一條刻心銘骨。歷年抵制日貨的提倡，雖説没有重要的效果，然而能使我國人對於這件事的記憶，不致日漸模糊，也可以算是有相當的效果了。及日本遭大地震之變，我國人士不念舊惡，一方面盡其力之所能及，作救灾恤鄰的舉動，另外一方面，取消抵制日貨，這也是很應該的。但是從日本一方面看起，他們原來外交上的侵略政策毫未改變，退回庚款之議，藉中日親善的善名，行文化侵略的實事，意思已够顯明，無庸贅説。况且五四所哄掉底日本走狗，近來又蠢蠢思動，所以本社同人以爲前數年的五七還可以不特别紀念，而今年的五七却不可不鄭重地、特别地去紀念。

不料我們所認爲有特别紀念的理由，正是當局一定要禁止紀念的動機，如其不然，則段祺瑞、朱深、章士釗並非聾瞶，每年自由開會，并没有鬧過什麼亂子的事實，昭然在人耳目，何以今年忽然雷厲風行去禁止呢？

現在這件事情，或者可以對付過去，因學生自身幸覺悟，不致演成全體罷課的事實，不可謂非幸事。但是如果政府諸公，不能自怨自艾，改絃更張，——但是"老狗"怎麼様能够"教會新把戲"呢？——却仍去摧殘言論，禁止集會結社；雖然對於軍閥，奔走趨蹌,惟恐或後,而對於無拳無勇的言論界,却實顯其"狄克推多"的威風——這是巡警廳的人自己對晨報記者所説底話——積薪不已,又加上許多引火的硫黄,就是卑怯無能的中國群衆,恐怕要有爆發的一天。我們既不是預言家,也不必去妄行測度,止要睁着眼睛來看着他們就是了!

學潮後的感言[①]

這一次教育界的軒然大波,竟能逐漸平息,不致演成數萬學生全體廢學的慘劇,不可謂非幸事。但是我們總覺得近兩三年來,我們教育界的生氣太消沈了。團體有名無實,國事漠不過問;今年的五七,如果不是章士釗、朱深庸人自擾,給大家一種興奮劑,大家還不是聚三五百人到天安門前,演説數句,議決幾條,就敷衍了事麽?——我們可以説一句笑話:從這個觀察點看起,章士釗、朱深還算我們教育界的功臣呢,ㄞ!——今年雖然説因爲當局的激動,鬧得像煞有介事,可是外面的興奮劑豈可常靠?藥力一過,還不是仍舊地沈沈睡去?將來是否可以醒覺,或者從此就要長眠不起,那又有什麽人能知道[②]?這是我們的第一件感想。復次,閱今日(五月十九日)報章,知道學生聯合會議決今後運動的根本主張分爲兩項:(一)争自由;(二)保國權。這兩條方向,大體

①編者注:本文原刊猛進1925年5月22日第12期"時事短評",署名虚生。
②編者注:"道",原誤作"到"。

上説起，總算是不錯的。可是説着容易行着難，自由何以争？國權何以保？難道説作幾次空請願，出幾次空宣言，打幾次空電報，就算了事麽？我們近來總覺得我們號稱知識階級的無能力，全由於我們同民衆太隔絶；而太隔絶的重要原因，就是我們同民衆没有法子去説話。如果我們以後還不能覺悟，從這一點下手，歸結總是没有法子的事情。——你們説同民衆去説話，這也談何容易？——容易果然是不容易，但是我們要請閣下仔細想想，想使知識階級有勢力，作到改新中國的大業，除了這個，還有什麽另外的法子？我們覺得的困難，儘許比閣下覺到的困難還大的多，但是我們覺得除了這一條正路，並没有第二條路走得通，所以我們總希望有很多的人起來擔負這樣重大的責任，前者失敗，後者重進，"繩鋸木斷，水滴石穿""强聒不舍"，困難總有破開的一天。如其不然，想成民治而不於民衆身上艱苦地盡力，就是喊一百年，我們總疑惑不見得有什麽效果。——改革念書人的思想，和同民衆説話有同樣的重要，廢一不行，那是當然的事情，請讀者不要誤會。——怎麽樣去同民衆説話呢？我們以爲頂重要的工具有兩種：(一)通俗小日報——是進到鄉下人喂牛棚底下的小日報，並不是浮游在學生中間而學生也不愛看的冒牌小日報。(二)國音字母。如果能把這兩件工具推行開，我們才有同民衆説話的機會；如其不然，我們就是想同他們講話，也没有傳達的方法。這一次教育界是否能有根本的覺悟，就要看這一點。這是我們對於此次學潮的第二條感想。

這真是中國人的政府![1]

歐洲有一句俗話說:“有什麼樣的人民,就有什麼樣的政府。”真是一件顛撲[2]不破的道理。

我國人民毫無詫異地過他們那些非人性的生活,自然要有非人性的政府,這是“天經地義”,絶不是什麼可奇怪的事情。

我們所説底人性,非人性,是極簡單的,人人可以明白的,絶没有什麼深微不容易懂得的道理。

你如果打我一拳,我也就還你一脚;你如果向我點點頭,我也就給你作個揖:那就是人性的生活。你向不能抵抗你的人踢一脚,他就向着你笑一笑或磕一個頭;比你勢力强的人踢你一脚,你也就向着他笑一笑或磕一個頭:那就是非人性的生活。

我們那卑怯的同胞們,對着弱者就是凶獸,對着强者就立時變成羊。代表他們的政府,對於軍閥,先意承志,惟恐失意,想要

①編者注:本文原刊猛進 1925 年 5 月 29 日第 13 期“時事短評”,署名虚生。
②編者注:“撲”,原誤作“樸”。

錢就給錢，想查賬就查賬，獨對於無拳無勇的學生、新聞界，則大施其“狄克推多”的威風：這正是千應該、萬應該的，又有什麽可奇怪的呢？ 丏！

對於女師大風潮的感想[①]

縱横捭闔是外交上的一種利器,對於内政全無所用。一國政府如果没有實際上或精神上的勢力,專想仗恃着它存在,歸結總要塌臺,我國的徐世昌、黎元洪和現在的某公全可以證明這些話的不錯。

至於辦學校的人對於學生第一應該專心,第二應該推誠,第一件尤爲重要。因爲不能專心,則與學生情意不通,雖欲同他們開誠布公而不可得。除了這一條正路,實在没有第二條路子。如果不幸而用外交的方法對付學生,不惟一定不能成功,即使僥幸成功,所生出來底害處,要比失敗者爲更大,因爲教育的目的,不止是增加知識,尤其要陶養人格。用外交方法而失敗,不過是學生知識方面受損失;僥幸成功,則暗中毁壞學生的人格,其患有不可勝言者。

①編者注:本文原刊猛進 1925 年 5 月 29 日第 13 期"時事短評",署名虚生。

楊蔭榆的爲人我個人並不很清楚,學生自治會攻擊她的條文,也實在有可笑的地方。但是我很聽説她對於反對她的人施種種的手段去引誘她們,離間她們。如果這話不錯,就這一點,我們就可以斷言:她不配辦學校。因爲她如果成功,那女校前途將來更要有不可問的地方。

説到這裏,一定要有人説:"用外交手段去對付學生,豈止一楊蔭榆?你爲什麽獨嚴於楊蔭榆呢?"——我很承認你這話的真實,並且極不幸地你這話竟包含些真實!我們相信近來教育界的大風潮,十有八九的主要原因是由於學校當局用外交的手段對付學生。因爲這是一件極重要的病根,我們更不得不借這次風潮的機會來説幾句話了,丏!

評張奚若文[①]

當現在異口同聲的時候,我知道有不少的人很替章士釗抱不平,但因各種的關係,却不敢明目張膽地説,這種委曲求全(?)的態度,我們覺得很不對,張先生的議論無論如何,單這一種無畏的精神,已經是我們很佩服的了,所以把它載在這裏,以供讀者的參考。至於文中的意見,本社同人却絶不能贊同。張先生的主要意思,是説章士釗爲段政府中比較最好的人物,他雖説對於此次的五七措置不當,但首禍實在是朱深;學生事前不去同朱深力争,事後又偏重地攻擊章士釗,實在是不公平。至於巡警維持秩序的時候是否應該打人,重傷人,學生受傷以後,是否應該"叫囂不已",那全是枝節的問題,爲省紙墨計,可以暫略不説。張先生以爲章士釗是爲朱深作傀儡,我們恰聽到相反的傳説。不過這些全不要緊,因爲誰也不是誰的長官,誰也不能代誰負責。——國務員或

①編者注:本文原刊猛進 1925 年 5 月 29 日第 13 期"通訊",標題爲編者所加。

可以指揮巡警總監，巡警總監却萬不能指揮國務員，其理明甚。這一點看明白，則章士釗因禁止國耻開會，致釀成風潮，似乎不能隨便拿"太笨""不漂亮"的考語就替他推却責任罷。至於學生方面，則近年來如一團散沙，熱烈的情感幾乎於零，如果不是章、朱庸人自擾，一定是隨便演説幾句完事。要出來游行的百幾十位——北京的全體學生却是好幾萬——無論怎麼樣，總算是比乘空去玩耍的人好得多。他們不能如張先生所説，"一拳一脚地同他當場幹起來"，當然可以説他們是無勇，但是因爲要質問章總長——朱深不能直接去命令學生，學生自没有理由去質問他——因爲章宅的閉門不納，遂致釀成砸毁門窗、器物、書籍、字畫的暴動，雖不見得怎麼"武"，却也是一種很天然的事情。要而言之，砸毁章宅，學生自有不對的地方，而章氏却是咎由自取。至於打傷學生，無論爲是爲非，當然由朱深負責，與章士釗無干。學生如果專攻章士釗，自屬錯誤。章士釗此次到教育部，抱改革教育的志願，而終爲安福黨人所賣，固然有點冤枉，然如果他不那樣顢頇，也鬧不到那步田地。他的荒謬尤其使我們大笑不止者，則他那"稽首頓首，死罪死罪"式的呈文是也。我們讀了章先生這一篇大文，才恍然大悟道：章行嚴先生原來如此，現在我們才明白了。像這樣思想糊塗的人而猶望其能替我們整頓教育！那實在對不起！請了請了！我們實在不敢領教了！

徐炳昶。五月二十六日。

附張奚若原文:

“五七”學潮的我見

我一生最大的毛病,就在不會阿時,不好與人苟同。這大概是生性如此,没法改良的。向來遇事吃虧,也正是爲的這個原故。近年來又以中了洋鬼子一點“懷疑”“個性”“客觀”“真理”等不通學説的毒,把從前的老毛病,更弄得根深蒂固,不可救藥。要在今日“雷同附和”的中國社會生活,實在恐怕有點不易,實在恐怕不久就要遭“不適”之劫呵!

不過一個人的毛病是狠難改的。尤其糟糕的,乃是我現在不但没有改掉這個毛病的勇氣,連改掉他的決心,連改掉他的意思,也絲毫没有。“執迷不悟”,自然是我這篇文章的判語。

“五七”學潮裏邊的千是萬是,都在學生方面;千非萬非,都在章行嚴一人;學生神聖,章行嚴該死:這似乎是個衆口同聲,毫無疑義,用不着或不應該再加考察的公案。不過我負性乖僻,覺得這個所謂公案,並不見得十分公。似乎還有再加考察的餘地。——我寫到這裏,雖然還没有説學生們半個不字,恍惚已經聽見北京各大學的顧客,學界名流,和世界晚報一齊在那裏駡我“胡説!”“昏蛋!”“拉下去打!”可惜這種布滿北京空際的無形權威,並不能使我因此而輟筆,而不發表我對於此事的意見。雖然,我也可以想見北京方面像我這樣“邪説派”的人,因害怕此種權威而竟輟筆或並不敢提筆的人,當然不是少數!

當未述我的“邪説”以前,讓我先聲明一句:我並不説章行嚴是完全對的,學生是完全錯了。反之,我以爲此次學潮的最初是非,自然要怪章氏不應該替朱深去禁止學生放假開會,記念國耻。這是章氏錯了,我們可以説他做得太笨,弄得“不漂亮”。第一,不應該給朱深做傀儡;第二,整頓學風也不應該從“五七”整頓起。這是他應得的罪名,就是我這樣好持“邪説”的人,也不能不容納這麽大一點“正論”。但我怪章氏的地方,止於此處。以下均係我的“妖言”。

(一)章氏此種政策上和手段上的錯誤,是否應處以“毁家”之罪,是否能證明學生打毁他的家宅爲正當舉動,爲天經地義、毫無疑義的唯一對付方法?换句話説,就是章氏固然錯了,學生究竟是不是對的?我的答案是[①]學生也錯了。我覺得聚衆滋事,打毁人家家宅,是無知暴民的舉動,不是向以理性發達自豪的堂堂大學生所應有的行爲。我覺得這是近年來學生對付官僚的一種傳統手段,一種習慣方法,没有甚麽大價值在内。偶一用之,或者可以;常常去試,必生流弊。這回用得不妙,已經生了大弊。這個大弊,就是因爲要打人,結果幾乎把自己的幾個人反被人家打死了。(這幾位受傷的學生,起先説是死了,後來却又没有真死,我想北京有幾家報館,對於他們的“復活”,一定是不大歡迎,一定是狠失望的。)

説到這裏,我想一定有人要問:“據你看,欲反抗教育部的‘亂命’,除打毁章宅外,還有甚麽正當方法?”我答:這種正大

①編者注:原於“是”後衍一“是”字。

方法有二。第一,教育部所禁的是不准放假,不准在校外游行、開會、演説。照邏輯説,反抗此種“亂命”的唯一方法,便是反其所禁者而行之。就是你不准我放假,我偏要放假。你不准我在校外游行開會演説,我偏要游行,偏要開會,偏要演説。我以爲這是正當辦法。第二,如因反抗命令,在校外游行開會演説而被警察干涉,那時,老實説來,若是你們膽子小或不願鬧亂子,那就只有收兵回營,忍一口氣算了;如不服氣,亦可别圖他法。若是你們的膽子大或一定要與武力立時見個高下,那就老實不客氣,一脚一拳的同他當場幹起來,也未嘗不可,也可作你們“打倒强權”“打倒軍閥”的一個小試驗,也可洗洗外國人駡中國人“無勇”和“怯懦”的耻辱。不料“五七”那天,北京各校並不一律放假表示反抗。這似乎已經是不大對。等到天安門前開會不成,大家又不敢當場和武力衝突,顯顯自己的勇氣,更現出外强中乾的狀態。既是外强中乾,則一時退讓,也還説得下去。不料他們在天安門前畏縮莫敢前,却跑到魏家胡同裏大顯他們的好身手,把章行嚴家中的字畫、書籍、門窗、器物打得個“落花流水”,不怕世人笑他們勝之不武。

(二)打架的結果,若是打得劇烈,必有一方受傷或斃命。這是打架的應有邏輯,没有開打以前,早應曉得,不必等到傷了斃了以後才知道。(尤其是想像力最發達的大學學生,更應該早知道。)既是預先知道,那便可説受傷斃命等事都是打架者自己願得的榮幸或願受的損失。這同賭博一樣,赢錢是自己的本事,輸錢怪自己飯桶。所以凡是歐美各國的社會黨人或共産黨人或學生與巡警爲難打架時所受的損失,自己都甘心忍受,不怪敵人那方不應該。在中國却不然,打勝了便趾高氣揚,誇自己的能力。打敗了却叫囂不已,駡對頭無禮。這不但是不懂打架的邏輯,也未免太不 Sportsmanlike[①] 了。

説到這裏,或者有人要問:此次風潮的擴大,係打架以前原定的計畫哩,還是打架後的學生吃了虧才弄到這樣大哩? 我的答語是:因學生吃了虧,因學生打輸了,才弄到這樣久這樣大。若是學生當日一打便贏或没有受傷等事,恐怕這個"茶壺裹的風潮"早已過去了。此點有這幾天來的每日報紙可查,并不是我的臆斷。

(三)平心而論,此次風潮的罪魁禍首,自然要算是警察總監朱深。因爲近來北京禁止這樣,禁止那樣,都是這位朱先生的政策,都是這位朱先生的文章。這回禁止"五七"開會的公文,也是警察廳送交教育部的。禁止天安門前開會的荷槍人馬,和章宅打傷學生的警兵,也是朱先生的部下。教育部的錯處,只在不應該向各校轉送朱先生那件公文,其餘事前事後都應該歸罪於朱先生。我以爲不打毁人家家宅則已,若要打毁,若只要打毁一個,衡情平理,自然應該打毁朱深的而不應該打毁章行嚴的。後來要求罷免他們,也應該朱、章并重,不應該以全力攻擊那無抵抗力的章行嚴,而於任意剥奪民權的朱深則淡描輕寫的輕輕放過。我認這種態度是根本錯誤。我并不敢駡學生畏强權,我只説他們辦事不公道。

其實這個問題不止於此。

---

①編者注:"Sportsmanlike",原誤作"Sporlsman like"。

有人説：朱深是武人，可不深較。章行嚴乃學者，援春秋責備賢者之義，他應該獨負其責，非免職不可。

"春秋責備賢者"這個學説，本來不錯。不過也要看用在甚麼地方。有時用了可以維持正誼，宣傳真理，有時適足把一件事愈弄愈糟。要求罷免章行嚴，似乎便是這樣一個實例。平心而論，章氏在現在的段政府中，比較上總要算是一個最好的人物。我們如要完全革段政府的命，那就不説。不然，若憑一朝意氣，或借題發揮，把一個政府中的最好份子趕了出去，留下一群純粹昏蛋，從改革社會方法上着想，我覺得并不是甚麽上策，并不能算是甚麽了不得的得意文章。况且章氏正在那裏預備種種改革教育計畫，我們爲實現此等大規模的改革計畫起見，也不應該不分皂白的試驗那"春秋責備賢者"主義。何况責備賢者，也並不是那樣的責備法呢。

以上所言，已經是十二萬分冒昧。現在讓我再加幾句，當作此篇的尾聲。

一個社會上的是非曲直，在群衆心目中，常有一種最高權威以爲標準。例如中國數千年來的孔子，歐洲中世紀的教皇，歐戰以前的德皇俄帝，皆是代表此種權威的人。他們所説的話，絶對不會錯；他們所做的事，一定是對的。一般人對於一件事只要知道他們的意見，就用不着再去自加思索。一言以蔽之，他們代表一個社會上的真理，爲那個社會上判斷是非曲直的最高標準。中國已往的舊標準爲孔孟，自不必説，現在的新標準却是誰呢？據我這幾個月來的觀察，似乎可説是學生。他們是中華民國的特別主人翁，他們代表今日中國社會上的最終是非，不但挑撥是非存心利用的報紙不敢攻擊他們，就是主持正論毫無偏私的學者多半（朋友們注意：我説"多半"，我并未説"全體"）也因飯碗問題，只得與他們敷衍遷就，不敢稍持異[①]議。我對此種現象，實在不能不説一聲"闊哉，中國今日之學生也！"不道以理性尚未十分發達感情猶爲處世南針的青年學生作一個社會上判斷是非的最高權威，我雖不敢説是怪現狀，却也不能算是甚麽好景象，雖不能説是第一流社會領袖人物的恥辱，似乎也不能算是他們的光榮。

冒昧胡説，該死該死！

十四，五，十八，北京。

---

①編者注："異"，原誤作"略"。

國人對於此次上海工學界大風潮所應取底態度[①]

我國從前海禁未開,經濟自足,外人以兵力强迫我開放海禁,移其過剩之生産,吸收我國之現金,是爲第一步以政治力擴充其經濟力時期。及吾國人少有覺悟,力圖設場製造,以抵制外貨;外人恐我國人利用過廉的工價,舶來之品或不足與我競争也,則設場於通商大埠,用其巨大的資本,購中國生貨,用中國工人,造出賤價之貨物,並用洋貨之名義,可以到處通行,以與國貨競争,是爲第二步利用其特別地位、經濟勢力以壓迫吾國萌芽之工業時期。及吾國工人因生活程度增高而要求增加工價,工場主人恐得利過薄,則又利用外交勢力以壓迫工人,及吾國人起爲援助,則又誣之以排外,詬之以赤化,威迫勢脅,使吾國工人不得不爲之服牛馬之役務,是爲第三步用政治勢力,威脅吾國之工人以堅固其經

①編者注:本文原刊猛進 1925 年 6 月 5 日第 14 期“時事短評”,署名虛生。

濟勢力時期。要言之,此三期所用之方式雖不同,而有一貫的精神:政治勢力與經濟勢力互相膠結,以壓迫我國,而我國乃陷於永劫不復的地位。

近日上海、青島等處因工人之争工價及戕害工人而釀成大罷工,因學生之援助工人而釀成戕殺學生,現且激成罷課罷市的大風潮。波流所至,將及全國,在這個時候,誰也不曉得將來鬧到什麽步田地。我國人士當這個波濤震蕩的時候,所需要切實記清,萬不可忘掉者,則我們如果不能使外國在我國的經濟勢力和政治分離開,則我國經濟無自由發展的餘地,即永不能有復振的機會是也。换一句話説,就是現在應全國一致向各友邦,要求其以後不得以政治手段干涉經濟的事項。工場與工人,則工人有罷工要求加薪的權利,工場如不願加薪,止能自由閉場,絶不得以外交官名義,要求軍警强行干涉。一國人的經濟自有自由處理的全權,萬不能任他國人的無理干涉。這一種權利我國人得之則生,不得則死,當爲此後力争之惟一目標,願國人不要忘本逐末才好。

國人對於英日慘殺同胞案所急應該知道底兩件事[①]

此次巨變,國人所急要知道底,就是如果我國堅持到底,萬一至於斷絕國交,或竟至於宣戰,我國是否有所恃而無恐? 我們的答案是我國的軍隊,止能彀殺自己的同胞,不能彀同外國人打仗。但是從反面看,我們並不需要同他們宣戰,止要同他們經濟絶交。我們不買英、日的貨,還可以買美、法、德及其他各國的貨。英、日兩國在中國的經濟勢力,根深柢固,各國久欲取而代之,苦無機會,現在我國急籌方法,振興國貨,有不足的地方,就取材於别國,將英、日在中國的經濟勢力,鏟除全部或一大部分,則我國人有益無損,即商人也不至於大受苦痛,而英、日兩國所受底損失,就要不可數計。就是鬧得利害,至於斷絶國交,我國不要同他們宣戰,静等着他們;他們如果想來打我們,那我們就要問,像我們中國這

①編者注:本文原刊猛進 1925 年 6 月 12 日第 15 期,署名徐炳昶。

樣一塊肥肉,他們想要來把我們拿去,是否可以避免世界的第二次大戰? 對於這個問題,無論什麽人,全知道是萬免不了的。那我們就要進一步問,英、日兩國是否還有一國敢引起世界的大戰? 實在英國現在戰時瘡痍未復,日本當大地震以後,絶無餘力。如果他們真個不自量力,恐怕歸結是美國人大高其興,英、日人大倒其痗。我想英、日兩國謀國的人,還不至於那樣的昏蛋。所以對於這件事情,我們止要認明目標,不引起别國的反感,英、日雖强,絶不能奈我們何。這是國人所急應該知道底第一件事。復次,英、日政府雖無奈我們中華民國何,却很容易奈何我們中國的政府及武人。中國政府多年已全借外債度生,近雖未能直接得到外債,而倒换舊債弄幾文錢,實爲近幾年我國財政當局的秘訣。兼之關税鹽税,全在外人手中,他們什麽時候扣着不發,政府就得什麽時候倒。所以歷來的政府對於外國人總是低首下心,也就是這個緣故。至於軍閥,軍械多取諸外人,怕他們自不必説。括總説起,英、日對於我國,如果想强硬到底,止有兩條路子可走:第一,煽惑各國以壓迫我國。可是這一點,止要我們的應付的不大失敗,他們就不容易辦到,因爲各國利益互相衝突的緣故。第二,如果政府迫於民意,不敢不堅持,他們就暗地幫助一個同他們接近的軍閥,取現政府而代之以壓迫吾國民,或者到處煽動内亂以轉移我國的視綫。這一點倒是比較地不容易防備。這是國人所急應知道底第二件事。

告日本人[1]

六月三日的順天時報的社論對於上海學警衝突問題發這樣的議論:

> (上面講撲滅帝國主義、收回租界等事。)邇來列强之對華政策,關於保全中國獨立,莫不異口同聲,互相一致,故得勢力之均衡。苟一旦對於中國現狀,懷抱不滿之意,而一致變更其政策,則中國前途,洵可憂也。

這是何等樣威嚇的話頭?!

但是隔了兩天,在六日的社論裏面,議論却大大地不相同。

> ……然中國絶叫不平等條約之廢止,要求國權收回之聲,均發源於民族自决,國家改造之精神,而爲國民向上之表徵無疑也。此次上海運動,惹起學警衝突,其經過雖多不

①編者注:本文原刊猛進 1925 年 6 月 15 日滬案特刊第 1 號,署名徐炳昶。

詳[1]之點,然國民具有自由開放的精神,不可否定也。唯邇來運動之精神,往往頹落低下,僅限於一二外國[2],即此一二外國之中,亦有限於一小部分之傾向,此可謂違反廢止不平等條約,回收國權之大精神也。……(内帶日本文風之中國文,皆仍其舊,不改一字。)

前兩天中國的前途爲"可憂",隔兩天就成"國民向上的表徵";前兩天講收回國權爲"可憂",隔兩天因爲事勢的激迫,不能專講收回國權,就成了"運動精神""頹落低下"了! 這是什麽樣的善變化! 我仔細一想,這才恍然大悟! 前兩天的"憂"我們,是因爲衝突初起,想用威力嚇倒我們;隔兩天的恭維我們,是因爲亂子鬧大,我們又不容易被他們嚇倒,他們又恐怕受經濟絶交的大損失,所以又想用大題目轉易我們的視綫,這是什麽樣的策略!!

善變的日本人丨丫(不專與順天時報記者講話),你們如果想堅持你們的侵略政策,就應該張明旗鼓地,一刀一槍地向前作,不必鬼鬼祟祟地在那裏胡簸弄。那個時候,我們也止有盡我們的力同你們鏖戰,無論誰勝誰敗,你們總還不失英雄的風度,丢不了大和魂的榮譽;如果你們有真正的覺悟,那就應該督促你們的政府承認我們的條件,懲辦兇手,撫恤傷亡,向我們道歉,自行抛棄你們的租界,幫助我們改良關税制度(注意並不是開什麽關税會議。我們所要求底,是關税的完全自由,那種非牛非馬的關税會

①編者注:"詳",原誤作"祥"。
②編者注:"一二外國",原誤作"一二兩國",據後文改。

議,是我們根本上就不承認的),那時候我們自可以不念舊惡,互相携助。至於另外無論什麼樣的花頭,全可以不必説,因爲我國人還具有耳目,具有心肝,那些全是没有用的。

經濟絶交之一重要方面[①]

我在晨報副刊上，看見馬寅初先生講演的中英日之經濟關係。有這樣幾句話："……英日貨最多的是棉貨。占進口貨全部百分之三十以上，其中五分之三以上都是布。……中國人嫌本國布不漂亮，又歡喜便宜，於是英國人迎合中國人的心理，作許多種印花省錢的布到中國來賣。據民國十一年的統計，這種進口布的價值，到了一萬五千萬海關兩之巨……"我看到這裏，就想起這許多錢，大半是從我們女同胞的手出去的。因爲我們到布鋪的時候，總是女人多，所以我要向講演的人進一點意見：我們既要與英日經濟絶交，最要緊的是向女界宣傳，尤其是要向太太小姐們宣傳。可是净在路旁講演，在大街上喊口號，是不中用的。因爲那些太太小姐們，是不屑於在那些地方站的。你們如果想講演有效。就要到游藝園[②]、公園、戲園、電影院、廟會等地方去講。最

---

①編者注：本文原刊猛進 1925 年 6 月 19 日第 16 期，署名季芳。

②編者注："園"，原誤作"圍"。

好是找些布樣子拿在手裏,講演時拿出來給她們看,那些種是英國的,那些種是日本的,我相信一定比空空洞洞講抵制,容易發生效力。因爲有些人也想不買仇貨,但是因爲認不清楚,止好撿好看而又便宜的買,歸結仍是買着仇貨。要知道中國的商人,大半知識很淺薄,止要有人買,他們有利可圖,總可以厚着臉去販的。我們要抵制它,非得用户全不買它,是不行的。所以要把仇貨,叫全國的人都認清楚,也是一件狠要緊的事。

女同胞們:我要向你們進幾句忠告之言:英國强暴,在我國上海、漢口任意槍殺我們的同胞至數十人,傷者不計其數,全國憤怒,罷工,罷課,罷市,作種種的愛國運動,我想你們也該聽説了罷。我國對於英日,並不要與他們打,就可以致他們的死命,就是經濟絶交,也就是替我們死傷的同胞報仇的一種方法。並且這件事不難作到,止要我們認清它是英國貨,不管它怎樣好看,如何便宜,我們總是不買。如果連這一點恒心也沒有,止看見它的光怪陸離的色彩,被它所迷,覺得穿帶起來,怎樣排場美麗而且時髦,自己得意洋洋,殊不知那些東西在外國是没人用的,是特特製造了來騙我們中國錢的,不惟不足炫燿,止足以爲亡國的象徵!那樣的人也止配作亡國奴!女同胞們啊!大家要清醒一點啊!不要覺得國家的事情與你們不相干,中國四萬萬人是連女人在内的。那麽,國家的興亡,女人也負着一半的責任,不要自暴自棄呀!

我們所應守底態度[①]

這一次滬漢的慘殺案,意義極爲重大;應付的方法,自然是千變萬化,不是幾句話所能説得明了;但是我們應守底態度,却比較簡單,很可以用幾句話包括起:第一,如果英、日人不用槍來殺我們,都彬彬有禮地用經濟的方法來殺我們,我們也就該彬彬有禮地用經濟的方法抵抗他們(這就是大家所説底經濟絶交);第二,如果他們還要用槍來殺我們,那我們當然是用槍來抵抗他們(所以我們前幾天主張派軍隊入租界保護中外人民的生命;主張將來如果他們一定要同我們打,我們止有同他們打);第三,如果説和,那就儘少也得不要今日講和,明天又來殺我們;换句話説,就是一定要得到他們不能再横殺我們的保障(所以我們主張以收回英、日租界爲此案先决的條件)。我想這幾句話,是人人全可以知道的話,全應該知道的話,絶没有一點深奥難明的意思在裏

①編者注:本文原刊猛進1925年6月26日第17期,屬"時事短評"版块,署名虚生。

面。至於人家正在那裏ㄆㄥㄊㄥㄆㄥㄊㄥ地打,我們却恭恭敬敬地說:諸位别忙,派個人去查查看;轉過臉向着奔走呼號的人說:你們怎麽[①]那樣昏蛋?難道又要鬧義和拳麽?那樣的態度,或者是可以在中英賠款委員會每月拿一千塊錢的博士所應取底態度!是我們完全不能明白的態度!他們拿"理性"的大帽子來嚇我們,那我們實在糊塗,不曉得這種理性是那一國人的理性!

①編者注:原於"麽"後衍一"樣"字。

書鄭堂的故事後[1]

鄭堂的故事,經白頭書生的補充,燕堂的嚴密的考訂,總算得有狠好的成績了。自從猛進第十一期登載了鄭塘的故事三則,就有人説猛進要變成笑林廣記了。總之笑林廣記也罷,非笑林廣記也罷,自有讀者的批評,我們正不必嘵嘵多辯。可是我們覺得看輕這一類在民間極有勢力的傳説,是受了正統思想(不但中國)的流毒。這一類的傳説,由民俗學的觀察點看起,不惟比什麼"花兒,草兒,愛人兒,汨浪滔滔丨丫,風清月白丨丫"空敷衍字面的新詩高出一萬倍,就是頂偉大的 *Hamlet*、*Faust*,也還不曉得能比過它不能。因爲一方面是一種特别階級的專享品,他一方面則爲由民衆自然生出的并且能滲入民衆深處的特産物(白頭書生一則曰"辭費",二則曰"極不相干室",似乎仍不免染正統思想的流

[1] 編者注:本文原刊猛進 1925 年 6 月 26 日第 17 期"通訊",標題爲編者所加。

毒)。所以我們還要繼續搜集,直到有特別的定期出版物專搜集這些材料之時爲止。

徐炳昶

書蘇愛吾來件後[①]

我們接到這樣一封熱烈、大膽、誠樸的來件,雖然裏面的意見,我們不完全贊同,總是很高幸的。我們又看出蘇君大約是一位不常寫東西的人,所以就把篇中的錯字改過,發表於此。我們深信英國在現在的外交局面之下,如果我們堅持到底,它除了煽惑各國壓迫我們,或利用我們的軍閥及惡劣的政客壓迫和搖惑我們,没有另外的法子——實在它就有另外的法子,我們就亡了國,我並不曉得它除了能來到我們這裏隨便殺人以外,還能有什麽更了不得的事情。可是外國人的思想總比較清楚,幫助它説幾句硬話,自然可以,跟着它打仗,一定是不會有的。所以我們深信就是現在的中國,如果没有内患——簡直可以説是漢奸——仍是無奈我何。我們中國的軍閥雖然討厭,但是每次的大變亂,如果没有萬惡的政客撥弄其間,軍閥還不敢首先發難。研究系對於督軍團

①編者注:本文原刊猛進 1925 年 6 月 26 日第 17 期"通訊",標題爲編者所加。

的簧鼓,就是最大的明證。現在某文豪,某博士,某外交家,當人家槍殺我同胞的時候,作出一種打圓場的面孔,我們真不知道他們具何肺腸。大家疑惑我的話説的過火麽? 我只反問一句:調查的説法,英公使主張之,英外交總長主張之,又何須乎你們文豪博士外交家的抗議ㄋㄧ? 熱狂甚低的國民,對於這樣的漢奸(我很想不用這個字,但是我想了三天,想不出别的字,又有什麽法子呢?)不能加以嚴厲的抨擊,他們倒反過來怪人家没人睬他;他們今天一篇、明天一篇地發表摇惑人心的文字,反倒怪人家壓迫他們言論的自由! 像這樣地情形延長下去,我想中國不亡,是無天理了!! ㄞ!!

徐炳昶

六月二十三日

附蘇愛吾來件:

究竟怎麽樣???

我並不敢在這亡國滅種的關頭來冒那"破裂對内"的大不韙;我更不願在這應該努力鼓吹殺賊的時候來放這滅自己威風的喪氣屁。實在是所謂政府與後盾也者的行動嘔人,比如説前回五七事發,段大爺左一道、右一道命令的叫束髮小生不要管閑事(其實是國事),各人埋頭讀書;這一回張大帥的留聲機也"上有好者下必甚焉"的向愛國學生連珠直放,且實行起來。其實咱們數千萬里,登山涉水來進學校,是幹甚麽的? 何用多嘴！但自身倘若行出事來可人意兒，稍微行得端，坐得正，不溺職，不墮法，與人民一也（不是命令與電文上的），誰又願意多事？誰又不願燒高香，保佑你們長命富貴？你看孫中山先生死了，多麽光榮，世界如何震悼。又看你們輪值的時候：中國人被外國强盜殺了，亂哄哄的鬧了半月多，洋大人在各地，簡直把眼瞧着天，槍對着人，大放其得勝連珠大炮，還直待束髮小生"沐雨櫛風"的一請願，再請願，三請願，才派幾個顸顢不堪，大腹便便的飯桶（大員），帶起寬邊眼鏡到上海去過細調查，交涉毫無頭緒結果，笑死洋大人。現在徑掉首回京，怎麽樣呢？

一次抗議，再次抗議，三次抗議，四次最嚴重抗議，"太上政府"連正眼也不瞧，反倒打幾釘鈀，又怎麽樣呢？

虧了那天（十六日）陸軍總長吴光新他們好意思向學生代表説："啊喲喂！各位！同洋大人打仗嗎？是要兵的，是要精足的餉械的，你瞧！洋大人他們的科學是多麽發明進步呵！"（其實：那天北大教職員在段大爺私宅去請願時，他的衛兵上刀實彈相向，學生痛哭流涕的向他們解説上海事件之重要，有一個兵反黑臉氣忿的説："你們學生還是不對。"怎麽？"誰叫他們（上海學生）讀洋書呢！"）毒氣進了喉管，就要命呢！而且國防幼稚……這個，政府可不能像對付你們那麽容易，我們可不敢冒失答應，須得同各位大老爺在閣裏慢慢商量商量，反正各位記清楚了，咱們要"一致對外"！一致對外！滿意滿意，萬歲萬歲！

咱們家人被洋鬼子殺了他媽許多，咱們大管家，與外管事，反再三再四低聲下氣的向洋大人哀求解决，好像是説："洋大人哪！你們賞幾個錢安葬費，就把這個灣轉過來了，大家省事，可惜我不能替。”誰知洋大人既未讀過中庸，更未念過佛經，總覺得不出錢是光榮些，所以毫無效驗，這又怎麽樣呢？

好像從前坐紅牌汽車的人，向我們代表説過：“如果第三次‘最’嚴重抗議再駁覆了，政府即行……”但是：今天又聽説在預備提出四次抗議，不知“最”字上又加什麽？以後把字加完了又怎麽樣呢？

吴大少爺、蕭耀南在漢口槍斃蕭英等八人，又在武昌槍斃潘翼，且通緝工學首領，謂是上海暴動的主動的主動，更向萬國新聞記者聯會道歉，謂事出意外，這簡直連滬案也代爲證明了中國人真是暴動、赤化、排外，可見英國人是應該慘殺我們了。這就是愛國熱忱的流露，與後盾的實現。北京的段大爺也許不過意了，打電去問凶手，賣國賊蕭耀南究竟殺了人没有？殊不知殺了又怎麽樣呢？好在現在事已過去了，且談别的。

我們四川的狗，一面拚命打架，一面趁着這百犬齊吠的當兒，也汪汪的：“願率十萬健兒，爲國赴難，誓作後盾，請政府嚴重交涉……”這些話堂皇倒堂皇，不過成了游藝園大飯桶口裏的“yes”了。外國人的牙齒就再保養得好，也要笑掉一大堆！

這些後盾如此，我們再來看看别的：就説咱們學生罷！表面儘管鬧哄哄的，内裏很可鬧意見，争出風頭，弄得四分五裂。各種團體名目雖是風起雲涌，應時而興，却愈多愈亂，毫無頭緒、計劃、步驟。單拿募捐一事來説罷！把九城都鬧翻了，得了一萬多元，因方法組織不良，惹起許多反感！

咱們國人的熱血，只好灑在白布上！

咱們國人的反抗,就只跳水!

我敢忍心的説:這種舉動,在中國從前只有婦女對男人用過,現在也算進步了!

蛙怒,不平則鳴,終究是蛇的食料,是泥淖中的生物!我們所恃[①]的寶貝是經濟絶交,也罷,但是又怎樣呢?像我們這樣的政府,與我國這樣的局勢,能够普遍實行保持得久嗎?即使國民就大澈大悟,堅持到底,那麽,英、日用武力壓迫我們,串通列强,實行共管,在我們這麻木政府,素來對國防軍實置而不顧,現在顧而不備,與内争不已,饑饉交迫,千人萬心的時候,我們只有被瓜分,滅亡!這並非我在這裏故意驚人,實在也有許多事實。如:

1. 這次交涉之决裂。六國調查委員突然回京,是甚麽道理,回京後各國都强硬起來。這其中顯係有一種協商,在條件妥協,手段與步驟决定後,始毅然决然一致退回北京,對我國民與政府作哈哈笑。

2. 他們的手段是甚麽?你看他們積極調集兵艦,散布我内外各要地,他們素來的經營布置,此時恰[②]可施用,只要時機一到,動員令一下,我國就完了,恐怕連德國也趕不上,這樣看來,他們有必勝之道二!

(1)列强素有計劃。(如挑撥幫助軍人私鬥與暗唆匪架教士,不但由我政府贖取,還要藉口調兵入駐内地。)

(2)我國素無防備,英、日串通列强的手段,不外利誘與

①編者注:"恃",原誤作"特"。
②編者注:"恰",原誤作"洽"。

威嚇。

利誘:不過向各國詳述中國人民覺醒,與此次對英、日勝利後,不但中國國際地位提高,民氣愈張,與列强將來以大不利,即列强在中國所苦心經營之故有利益,亦將由此而根本推翻喪失,因爲進一步即廢除一切不平等條約是也。以此申證此次事件之得失,不只關係於英、日兩國。

威嚇:除以"赤化""排外"等名詞相栽誣恫嚇外,更證以中國此次民氣之激昂,與各國勞力黨與蘇聯等對我國之熱烈同情相印證,於是列强遂墮其狡術,甘分强盜殺人之責任與耻辱而不辭。

即使上種計劃不致實現,則我國之罷工罷市亦難持久,此外人所深知,即持久亦大蒙不利,小商固犧牲不起,必自相離異,觀近日上海之商會即有此種破綻,甚覺危險。

以罷課而論,則國家損失更大(這本是中國暫時的一種特殊情形),試看我國興學以來,二十餘年,人才何在? 曠觀國内,今日之大人物,執政諸公,吃肉先生,誰强人意? 如果屈指一算,恐怕大拇指抵消死去的中山先生而外,二指頭只會永遠伸着,即以此次這關係國體國權之存亡事件而論,所謂鄭重派遣之外交大員,虞、許、曾、蔡,真够笑死人,羞死人,氣死人!

人才! 真真愛國而能任事的人才,前有死者,後無生者(據現在的學生與教育看來),這是我日夜的憂愁,不解的鬱結。

書歸正傳,政府叫我們不管閑事,但是我們不能不管,我們不能不罷了課來(就罷了課,政府還是照常麻木呢!)督促這不能自立的政府,與使人懷疑的政府,與喚醒這三萬萬多愚蠢的民衆,去自救,救國!

這是我們不願罷課而不能不罷的苦衷。

各位執政老爺,不看民面,看國面吧!歡迎自動!

另外我要與熱心愛國的國民軍首領帶個信,前見京報上馮將軍説:“上海學校常受外國强盜暴力的壓迫與侮辱,不如遷至西北,願爲代籌建築等費……”這雖是好意,不過大笑話了,假如外人處處都壓迫侮辱,都遷到西北來嗎?假如外人到西北來,你又遷至何處呢?你們要愛國衛民,何處不可下手?去!同英、日强盜拚個你死我活!我願與我親愛的國民軍弟兄同上戰場,雖然!這片好心,亦不便辜負,何不將此數十萬貧無立錐的苦同胞,照移民開墾的辦法,運往西北,去開墾,設立工廠,來收容?這才是永遠澈底萬全的第一妙法(因爲我們不但現在不與外人作工,也永遠不與强盜作工)。國民軍不都有工業常識嗎?西北不是有很多的荒地招墾嗎?那嗎這些人便是國民軍達到理想國的工具,人民,便是國民軍的後備,你們對人民要實行軍事教育,你們更要使人民知道國家前途的危險與救國方法,那最好,你們請出人將中山先生的三民主義與其他一切有關係的國耻,演譯爲國民救國常識教科書。這便是我對親愛的弟兄國民軍的希望!

十四,六,二十一,夜,北京。

袁、許呢？徐、趙呢？[①]

凡一件事，如果離了它的環境，單就它自身來看，它的價值就無從判斷，它的好壞就無法分別。

比方説：庚子以前，我國人看外國人，如同蛇蝎，什麽挖心配藥ㄌㄚ，什麽人肉作脯ㄌㄚ，無稽之言，層出不窮。這個時候的士大夫也受他們的影響，爲盲目的排外，徐桐、趙舒翹之流，雖屬正人君子，而知識幼稚到可憐的位地。雖有袁昶、許景澄的明達，終被盲目的勢力所犧牲，致釀成庚子的巨變。庚子以後，風俗大變，無稽之言，漸漸絶迹，洋大人成有錢有勢的一特别階級，全國人民趨附恐後，凶横的軍士，吃了洋大人的火腿，而帖耳潛逃者時有所聞。士大夫也受了他們的影響，成了一種盲目媚外的習慣，如此次事變，丁文江、梁啟超之流，且不惜大聲疾呼，爲英人張目，雖有少數的知識階級，秉孫中山先生的遺志，竭力求廢不平等的條約，

①編者注：本文原刊猛進1925年7月3日第18期"時事短評"，署名徐炳昶。

而道高一尺魔一丈，還不曉得鬧到那步田地。如果離却環境去看，丁文江、梁啟超很像有袁、許的遺風，可是如果合起環境比較，他們這一班人，不過是徐、趙諸人的末流。大家對於這些話還有疑惑麼？那却不難看出。第一，代表那一類勢力的人總是盲目的。徐、趙之流，不問歐美有若干國，何國有何種勢力，而一例排斥，實屬盲目的可怪。丁文江對於英美烟公司、南洋兄弟烟草公司的争鬥，絶無所知，而妄談"若是我們立刻大家不吸前門、哈德門牌，山東種烟葉子的人，今年就要損失二百多萬"（見六月十九日晨報）。梁啟超於中華民國十四年六月二十四日還宣言"英日又是攻守同盟之國"，這種盲目的程度，實在令人可詫異（其實這一類盲目的話，非常地多，我們也没有工夫細指摘它們）。第二，他們的信仰是無知識階級的信仰的結晶。這一點我們在上面已經説得够明白。第三，有什麼樣的人民就有什麼樣的政府，所以他們總是同政府接近，政府總是喜歡采納他們的意見。這以上的三點，徐、趙與丁、梁完全相同，已經足以證明我們上邊的話的不錯。但是徐桐、趙舒翹同丁文江、梁啟超終究有一大不同之點：就是，盲目排外，雖説知識幼稚的可憐，終不失爲正人君子，法國文豪 Pierre Loti 稱紅燈照的女人爲未成功的 Jeanne d'Arc[①]，可見公道自在人心——盲目媚外，不管他知識怎麼樣，總是一種極惡劣的小人。

正人君子的徐桐、趙舒翹等人，已經壞了國事，我們對於惡劣小人的丁文江、梁啟超群輩，又該怎麼樣對付他們呢？

①編者注："Jeanne d'Arc"，原誤作"Geanue d'Are"。

"見縫就鑽"①

我們有一個什麽法子可以救國呢?——没有一個法子。——我們有一個什麽法子可以同英日經濟絶交呢?——没有一個法子。這些話並不是要説我們想救國,想同英國經濟絶交,完全没有法子,是要説想救國,想同英國經濟絶交,没有惟一的最好的法子。想作到救國的大業,無論什麽樣一件好法子,總有想不通的地方。利用這種想不通,出一種敗人勇氣的議論,就是妖言惑衆的人的秘訣。可是分開全行不通,合起來滿許全可以通,這並不是一件深奥難明的道理,實在是因爲目的遠大,一兩件方法不容易把缺陷填平的緣故。

設想阻力的全量爲一百,無論怎麽樣好底方法,也不過等於四十、五十,所以單獨看起,没有一件能想得通的。可是另外次好的方法,或等於三十、二十,或等於三、五,以至於再小。這些小

①編者注:本文原刊猛進1925年7月3日第18期"時事短評",署名虚生。

量,單獨看起來,自然没有大道理,如果把衆力合起來,不惟代表大量者有很大的影響,就是代表極小量的,也有相當的效果。

我再舉一個實在的例子:歐洲大戰的時候,人人上陣,幾乎没有一個脱逃。這種現象,國法修明,自然是主要的原因,但是我們當日在法國看起,想脱逃,就是能瞞過國法,仍是一件不容易的事情。因爲當時如果有一個壯年,無緣無故,不在軍前,看見他的人可以當面駡他是埋伏兵(embusqué),你想好好的一個人,如果終天畏首畏尾,還能有什麽樂趣?所以法國的戰勝,駡埋伏兵,雖説是一件很小的事情,却不能説是毫無關係。依此類推,如果我們看見一個賣仇國貨的人,扯下紳士面孔,立時駡他是預備亡國奴,對於經濟絶交,决不能無相當的影響。

所以如果我們想要救國,千萬不可去等一個最好的萬全的法子,止有各人就各人所見到底,“見縫就鑽”。

排英！排英！經濟絶交！！經濟絶交！！戰！！！戰！！！[1]

英國自鴉片戰役以後,積漸攘奪我們各種特權,壓迫我國,無所不用其極。現更慘殺我國同胞,至再至三,上海未了,繼以漢口;漢口未了,繼以廣州:凶無人理,舉國同憤。我國人雖素好和平,面對於壓迫我們的英國,却不能不施以積極的抵抗;雖説不能遷怒友[2]邦,施以同樣攻擊,而對於凶慘的劊子手,却不能不與以極嚴厲[3]的排斥。所以"排英"二字,當爲全國作自主運動的人所應該取底公同口號,是萬不容有異議的。

但是這件事情,起源於日本在内地的紗廠,你們爲什麽單標題排英?——這有兩層意思!第一,這件事情的起源,日本人固然負重大的責任;但是慘殺事件,日本人並未嘗參加,罪有輕重,

①編者注:本文原刊猛進 1925 年 7 月 3 日第 18 期,署名徐炳昶。
②編者注:"友",原誤作"反"。
③編者注:"厲",原誤作"属"。

吾人就不能漫無分別;第二,日本人對於吾國的侵掠,雖頗積極,而勢力究未若英國人的雄厚,未足制吾死命。英國人則因巧取横奪的結果,在我國有關税鹽税的各種特權,國人生命差不多全操在他們手裏面;我國人如果不想在地球上生存也就罷了,如果還想生存,非將英國攘奪去的特權全收回來,没有另外的法子。所以我國人對於日本人尚有從長計議的餘地,而對於英國人,則積極的抵抗,絶不宜有半刻的遷延。總之,對於日本人的話,我在告日本人的文中(見本周刊滬案特刊第一號),已經全説過。他們如果能有重大覺悟,我們當然可以不念舊惡,重尋舊好。如其不然,我們對於他們,也要作同樣的排斥的。

然則我們怎麽樣去排英呢?——因爲我們的兵力不足,所以止要英國能不繼續地殘殺我們,我們就應當用經濟的方法去排斥它,這就是大家所講底經濟絶交。經濟絶交之步驟有四:一、調查,二、審查絶交範圍,三、組織檢查機關,四、振興土貨。這些事情,頭緒紛繁,當用專篇討論。總之英國以經濟的方法壓迫我們,使我們不能翻身,我們爲自救起見,立時用經濟的方法抵抗他們,這是一件天經地義,萬没有可疑惑的事情!

經濟絶交到什麽時候才停止呢?——那我們屢次論過:租界制度爲我國歷年内亂的重要原因,又爲此次慘殺的直接原因;至於此次事變的主要原因,實爲外人(英國人爲之魁)拿他們的政治力輔助他[①]們經濟力以壓迫我國新經濟的萌芽。這一類的重要原因一日不去,我們就一日不能同英國恢復經濟的關係。换一

①編者注:原於“他”後衍一“他”字。

句話説,就是英國一天不交還我們的租界的管理權和關税自由權,我們就一天需要同它經濟絶交。

在這個時候,是否需要同他們宣戰?——無須。宣戰是要攻擊人家以前的一種手續。我們絶没有餘力去攻擊英國,爲什麽要同它宣戰?但是另外一方面,我們國民應該取一種斷然的處置:如果英國再慘殺我們租界内外的人民,我們一定要派兵進租界,卸除凶手的武裝;如果他們在租界裏面挑撥中國的内亂,我們一定要放逐他們出境。换句話説,就是我們固然不同他們宣戰,但是如果他們一定要同我們戰,我們也一定同他們戰,無論什麽樣犧牲全不怕地同他們戰。

但是我們軍備不足,又用什麽方法同他們戰呢?——這是軍事的範圍,我們書生紙上談兵,總不免有點外行。可是我們總要知道,我們軍備無論怎麽樣不行,總不見得比[①]歐戰後的土耳其再壞。土耳其[②]青年黨,當歐戰大敗以後,還能崛起抵抗列强的强權,屢蹶屢奮,百折不回,終究得到最後的勝利,我們中國的青年,爲什麽就自餒呢?總之我們戰勝,固可以一雪積耻;就是戰敗,也還可以效愛爾蘭的新芬黨,同他積極的奮鬥。可殺,可死,而不可使爲奴,我們的中華民國一定有雄視世界的一天。青年兀丫!我們趕緊起來,一塊去救國丨丫!

---

①編者注:"比",原脱,據文意補。

②編者注:原於"其"後衍一"年"字。

國民現在急應認清的一點[1]

現在外交當局的荒謬、無誠意,已經成了一般人的公同認定,絶没有疑惑的地方。但是我們覺得這些還不要緊。因爲,我們從滬案開始的時候,就覺得在最近的時期,無論什麽樣的外交家全没有辦法;必須我們有堅決的主張、持久的能力,他們英國人回過頭來找我們,那時候才有外交之可言。我們現在更進一步,老老實實告訴大家説:我們相信中國不久就要有内亂,儘少説,英國人正在那裏竭力挑撥我們的内亂。如果他們挑撥不起來,我們全國的人民仍能結合一致,作堅决的主張(這自然包括軍閥在内。我們雖不信軍閥們從此就能永久互相結合,但相信他們對於這一件事還可以暫時的結合)。到那個時候才可以談到外交。如果他們把内亂挑撥起來,我們相信,止要人民不大麻木,那一定是爲外國鷹犬的敗,盡力國家的勝。所以如果内亂起來,我們全國人民

①編者注:本文原刊猛進 1925 年 7 月 10 日第 19 期"時事短評",署名徐炳昶。

應趕緊起來,很快地把反愛國的運動壓下去。到那個時候,形勢已經分明,也可以談到外交。至於現在,不惟沈、曾、王、顔、蔡這幾個飯桶不濟事,就是把較好的外交家全找來,也没有急遽的辦法。所以現在我們國民應該一方面嚴重監督着政府,使他不能作辱國的讓步;另外一方面,利用這個拖延的時期,把經濟絶交的組織,趕快地建立起來。鏟除了他們一分的經濟勢力,我們就得益一分;鏟除他們十分的經濟勢力,我們就得益十分(對於這一點,雖有丁文江的妖言,却已經成了全國人民的公同意思,實在是一件可樂觀的事情)。我們應該全國一致地,目無旁瞬地照着這一個方向去作,萬不可希望外交,耽誤正事。比方説,這一次工部局的停止供給電力,我們根本上就不應該令交涉員請求他們變更他們的主張(提出抗議是可以的),我們應該一方面對於失業的工人急圖補救,另外一方面應該合力趕緊自設電機(今日報上説南洋兄弟烟草公司及商務印書館全有自設的籌備,可見並非不能辦到的事情)以爲持久的預備。這樣無理的舉動,雖然可以增加派兵收租界的理由,但是到那個時候,他們未必肯完全的把電局讓出來,所以這種擬議,也不應該摇惑我們的視綫。總之我們現在應該監督外交,不應該希望外交;全副的精神,應該注於堅持經濟絶交的一點,這就是我們所急應認清楚的。

我們應該有正眼看各方面的勇氣[①]

在這樣意義極重大的運動裏面,有很多不滿人意的事情,本是無可諱言的,并且也是不必諱言的。近來各報紙上對於這一類醜惡的現象,全輕輕抹去——據我們所看見底,止有莽原還敢指摘一點——他們的動機,自然是很好的,但是這樣的辦法,止足以表明我們的没有勇氣。我們現在什麽犧牲全不怕地作自主運動,並不是幻想着我們内部什麽全好,可以很安全地達到目的地,才去那樣作,實在是因爲我們極深地感覺到"自主"是人類公有的權利,不曉得自主比生存[②]更可貴,是一種賤骨頭——比方説丁文江。我們不甘於作賤骨頭,就要挺起胸脯,勇敢地向自主的路上走。路上無論有什麽樣的險阻,我們總要有勇氣去正眼看它,去同它奮鬥,那才有達到目的的希望。如果我們净把慷慨激昂的現象抬出來,把醜惡的現象藏過去,單仗恃一點虚憍之氣,那恐怕

①編者注:本文原刊猛進 1925 年 7 月 10 日第 19 期"時事短評",署名虚生。

②編者注:"存",原誤作"在"。

真要被梁啟超、丁文江所竊笑了。

所以我們主張如果我們遇見醜惡現象的時候,(實在無論中外,那一次的大運動下面没有醜惡現象了!?那怕什麽?)就應該把它拿出來,攻擊它,一點情面全不留地攻擊它;千萬不要留它藏在美麗的包皮下面,暗地敗壞我們的事情。

讀書漫録一則[①]

王船山先生的史識,超絶群輩,第一因爲他有歷史的進化觀念,第二因爲他注意的焦點不在君主而在社會:比方説,他批評宋仁宗的德政弊政,也足以看出他注意於社會的事變。他反對仁宗最大的弊政,爲"聽四川轉運使薛田、張若谷之言,置交子務",開用紙幣之先聲(宋論卷四第三條)。他那種議論,在現在雖有可商議的餘地,在當時實有狠高的價值。至於他所恭維底德政,則爲分授民種占城稻一事。

……其有大德於天下者,航海買早稻萬石於占城,分授民種是也。其種之也早,正與江南梅雨而相當,可以及時而畢樹藝之功;其熟也早,與深秋霜燥而相違,可弗費水而避亢旱之害,其種之也,田不必腴而穫不貲,可以多種而無瘠蕪之田,皆其施德之普也。昔者周有天下,既祀后稷以配天,爲一

①編者注:本文原刊猛進 1925 年 7 月 10 日第 19 期,署名虚生。

代之祖,又祀之於稷以配社,享萬世之報。然則有明王起,飭正祀典以酬功德,奉仁宗以代周棄而享祀千秋,宜也。惜乎無與表章者;史亦略祀其事而不揄揚其美,則後王之過也。……(與上同條)

像這一類有大關於民生的事,大家全輕輕看過,船山獨能把它拈出,這是何等樣的眼光!

但船山先生讀書太多,記憶或誤。劉毓崧於王船山遺書校勘記中,已指出若干條,但上條有同樣的錯誤,劉氏尚未指出,兹考訂如左:

宋史卷八:

(大中祥符五年)五月,辛未,江、淮、兩浙旱,給占城稻種,教民種之。

又:

(大中祥符六年)九月,丁酉,出玉宸殿,種占城稻示百官。

李燾續資治通鑑長編卷七十七,第十三頁:

(大中祥符五年,五月,戊辰)……上以江、淮、兩浙路,稍旱,即水田不登,乃遣使就福建取占城稻三萬斛,分給三路,令擇民田之高仰者蒔之,蓋旱稻也。仍出種法,付轉運使揭榜諭民。其後又取種於玉宸殿。上與近臣同觀,作歌,畢和。又遣内侍持稻示百官於都堂。

又薛應旂宋元通鑑卷十三,第十五頁:

（大中祥符四年，六月）……江、淮、兩浙大水。帝以田不登，遣使就福建取占城稻三萬斛，分給三路爲種，擇民田高仰者蒔之，蓋旱稻也。内出種法，命轉運使揭榜示民。後又種於玉宸殿，帝與近臣同觀，畢刈。又遣内侍持於朝堂示百官。稻比中國者穗長而無芒，粒差小，不擇地而生。

以上三書，雖年月少有不同，而所差者止有一年，且皆以爲真宗時事，則船山所言之仁宗，當屬記憶之誤。

又以上所引三書，長編最早，宋史次之，宋元通鑑又次之，而前兩書皆言爲大中祥符五年事。雖審觀文義，薛氏另據有其他史料，未敢遽斷爲誤，但薛氏亦有旱稻之説。四年大水，五年旱，三書相同。既爲旱稻，似當於旱年發出，則似仍以五年爲合。

十四，七，八。

我國的知識階級真太不負責任了！[①]

説話以前，有兩句話預先要聲明：一、我個人就是這一階級的人，該駡的我就是其中的一個；二、我這句話同丁文江説的一樣，但是丁文江駡知識階級，是因爲他們太唱高調，不負責任，至於我，我覺得他們不惟没有唱高調，並且没有調之可言，他們的錯處——簡直可以説是罪惡——就在於無論什麽全不作，任群衆走到那裹是那裹。

這一次的運動，可以説是發生於群衆，知識階級止該抱愧自己並没有真正幫助他們，指導他們，所以丁文江那句話，是一句荒謬絶倫的話。但是從現在看來，知識階級雖然也曾參加運動，可是現在運動的熱度降低下了，他們的事情也好像完了。各方面開會，總是冷冷落落，不容易開成會；經濟絶交，急須知識階級的研究、指導，他們到現在，還没有作出一種具體的方案。像這樣的遷

①編者注：本文原刊猛進1925年7月17日第20期"時事短評"，署名徐炳昶。

延下去,我想英國人的猜想,一定要不幸而中;中國萬劫不復的罪案,我們知識階級一定要負最大一部分責任ㄌㄧ!

開會！全城大講演！[①]

天色晚了，看大門的把郵差送來的一封一封的信全拿進來，我慢慢地把它們一封一封地拆開。裏面有一封很引起我的注意，那信裏面說："……本校對英日經濟抗抵專門委員會於明日（十四）上午九時開會商議一切，請先生準時到會……""明天經濟抵抗專門委員會開會！我這幾天對於經濟抵抗的辦法，毫沒有預備，開會時候，我又要説什麽呢？並且明天全城大講演，我早有意趁着機會去仔細聽一聽，看看群衆聽後，端的起什麽影響，這樣一來，豈不把很好的機會失去了麽？……""罷了，我還是去聽講演，讓他們去開會罷。"信還没看完，把門的又進來了，説有電話來了。我出去接上，問了半天，才知道是明天早晨八點鐘各界代表在北大第三院大禮堂聚齊往執政府，請其采納各界對於外交之建議，命我到會備數。我聽了這話，怔了一下子，迷迷糊糊地決定

①編者注：本文原刊猛進1925年7月17日第20期，署名虚生。

次日八鐘到會。等到第二天早晨，我一醒，天已經大亮。拿起來表一看，七點鐘已經過了。這個時候，我還是非常想睡，但是不敢再睡着。在床上停了　會兒，就勉勉强强地起來，洗過臉，吃過一點東西，鐘已打過八點，我就趕緊叫了一輛車，坐上，昏頭昏腦地跑到第三院。一進大門，一位長衫先生，看見我，説□先生已經來了，會場裏還没有人，招待也還没有來，我現在替他們當招待。他説罷，就引我會場去。走到假山旁邊，看見幾位短衣的朋友，手裏拿着竹笠，笠上寫許多"堅持到底""抵制英日"等類的字樣，在石頭上恭恭敬敬地坐着。這位暫攝招待先生引我到會場後，又去把簽名簿、筆、墨全放在進門的地方。那幾位短衣的朋友也過來，把他們的名字寫在簽名簿上面。他們走過，我取簿子一看，才知道他們是勞動界的代表。會場之中，除了我，穿長衫的，居然還有一二位，我没有法子，止得走出大空場裏面，吸收那很新鮮的空氣。轉過來，轉過去，半點……三刻……歸結九點鐘過了，穿長衫的人居然有十幾個了。於是乎三三五五，聚到一塊，有的人嘆中國人的時間不值錢，有的人説中國軍閥不除，簡直没有法談經濟絶交，因是他們就是惡虎的倀鬼。……一刻……半點……空場中居然有三四十個穿長衫的人——因爲浮雲蔽日，朝氣未退，大家全聚在空場了①，會場中仍是只有那幾位短衣的朋友——大家的談話，也更加熱鬧了②：

——"到這個時候，人還才有這幾個，會怎麽開得成呢？"

——"今天是雪耻大會的招待，而雪耻大會現在還没有

①編者注："了"，原誤作"子"。

②編者注："了"，原誤作"子"。

來人!”

——“聽説學聯發起禮拜六舉行大示威,包圍執政府,强迫他采用我們的建議。”

——“那還算一件有意思的事情。至於今天,請什麽願?如果是遞建議書,那隨便去兩個人就够了。如其不然,就是這幾十個人同去,到執政府的客廳裏恭恭敬敬地坐幾點鐘,回頭出來一個什麽武官ㄋㄚ,什麽巡警ㄋㄚ,就是最了不起,也不過出來一位什麽武官長,什麽秘書長,恭維我們幾句,又是什麽一致對外ㄚ,什麽爲外交後盾ㄚ……説來説去,還是那幾句不着邊際的話,我們就贊成,贊成,滿意,滿意,滿意,向後轉,開步走。那真可以算作無耻了!”

——“什麽人發起這樣無聊的事情呢?”

——“我們前幾天也曾想到。但是大示威運動現在一定召集不起來,所以決定每團體派四個代表,加入者共幾百團體,則代表應該還有千餘人,這樣一同走到執政府,也還看得下去。看今天這情形,這種辦法又要失敗了。”

——“現在五分鐘的熱度已經過去了,非再打嗎啡針不可。”

——“打什麽嗎啡針!實在打什麽針也不行!”

——“止好他們英國人再在天津殺我們些人,那時候我們能再動起來,也未可知!”

——“現在英國人不是還在重慶殺人麽!那又有什麽用處!”

——“重慶離北京太遠了!”

——“現在的人止有刀已放在自他[①]的脖子上，他或者還能動一動！另外什麼法子全不行！”

——“現在端底學生是全回了家呢？是在這裏不願意出來呢？”

我ㄏㄨㄌ丨ㄏㄨㄉㄨ地問一句。

——“在北京的學生總很多，但是……”

這個時候，空場裏空氣雖還清凉，可是我的頭熱極了，耳朵裏面也ㄨㄙㄨㄙ地響，那位先生“但是”兩個字以下的話，我什麼全没聽見。

——“我們走罷！去聽大講演，恐怕比在這裏瞎等還有意識些！”

——“我們走！”我的兩三個朋友一同説。

——“你們再等一等，不要慌。”他們許多人在那裏阻止我們。但是我們歸結走出來了。

頭非常地沈重，耳朵裏面ㄨㄥㄨㄥㄨㄥㄨㄥ。

——“上那裏去呢？”

——“我們出東華門罷。”

走到東華門外大街，那裏看見講演團的影子！

“到東安市場附近，總要有很多講演的人。”

我們自慰地説。

我們的猜想果然不錯。還没有到東安市場門前，已經看見一個講演隊。我們就要站到——因爲説不到進去——我們就要站

①編者注：“自他”，疑作“自己”或“他”。

到那裏聽,但是他們已經講完了,正要向北走。我們也止好隨着大家散了。

又往南走半天,又遇見一隊,這一次好了,他們正在講演。我們就止着去聽。但是我的頭愈熱,耳朵愈ㄨㄥㄨㄥㄨㄥㄨㄥ。止聽見幾個斷斷續續的字:不平等條約……外交團……三大員……我雖然什麽話全没有聽到,也止好跟着在那裏站一會子。以後我一個朋友説:"我們走罷"!好像從沈夢裏面把我叫醒,我就半明半昧地跟着幾個朋友往南走。

路上又遇着一隊,正往北走。

轉灣了,到東長安街了,這樣的静悄悄地——路還是那樣寬——樹葉還是那樣緑——人還是那樣從容!

到天安門前了,人還是那樣從容!一對雕龍的石柱子,好像在那裏静悄悄地嘲笑我們!

——"這裏什麽全没有!我們出前門罷!前門大街一定有很多的人。"

前門大街!人果然有很多!我們一直走到大栅欄口南面很遠,又一直往南望,何嘗看見一個講演團的影子!

——"我們回家吃飯罷。"我這樣説。我一個西城的朋友一定要我們到他家去吃飯,我們歸結雇幾輛車子,到西城去。

我在車上,斷斷續續,不成片段的思潮,一直在腦子裏滚……五分鐘……四分五十九秒……英國人是否殺過我們的人……弱肉强食……愛國……救國……肉實在比食者更可惡……正誼……屠殺……應該如此……我的頭愈加昏了,耳朵裏面愈ㄨㄥㄨㄥㄨㄥㄨㄥ地叫了。

從前門一直到都城隍廟街，還算好！在西長安街還遇見一隊人，在那裏指手畫脚地講。但是這一次我們没有了跳下車再去聽的勇氣，只好叫人力車夫拉着我們一直往前跑。

到朋友家裏，看見報就趕緊打開看，耳朵還在那裏ㄨㄥㄨㄥㄨㄥㄨㄥㄨㄥ，所看見底，無非是："……香港官廳大捕華人……日紗廠態度忽變强硬……"斷斷續續的字……

十四，七，十五。

對於十八日天安門國民大會感言①

十八日天安門開國民大會,我可惜去得太晚了。去到的時候,正臺上的人已經散了,止剩下幾個人在那裏大喊“打倒賣國賊”“打倒日本走狗”等類的口號。我因爲臺下人很少,也就走了。以後竭力打聽,所得到底,不過是很多互相矛盾的話說。但是那一天衝突的表面,是一方面主張單獨對英交涉,一方面主張兼對付英日;衝突的背景,是北京各校滬案後援會、學生聯合會素日積怨已深,又復乘機鬧起:無論所傳底怎樣不同,這兩點是没有不同的。所以今天我只對這兩點説幾句話。

我們對於日本的態度,在我所作底告日本人(本周刊滬案特刊第一號)及排英!排英!經濟絶交!經濟絶交!戰!戰!(本周刊第十八期)兩文裏面,已經説明,無庸贅述。總之我們對於日本,因爲它本來没同英國犯同樣的罪惡,我們也没有什麽不願

①編者注:本文原刊猛進1925年7月24日第21期“時事短評”,署名徐炳昶。

意同它單獨講和;但是有一個萬不可少的條件,就是它有單獨講和的誠意。就現在看起,日本人想兩面作好人,從中取利,是非常明白的。在這樣情形之下,我們單獨把它撇開,正中了他們的詭計。所以我們雖可完全保證主張單獨對英的人絶非賣國賊,絶非日本走狗,而他們的主張,却是錯誤的。

但是這一點不過是衝突的表面;真正的原因,却仍在教育界中兩派的争執。在"一致對外"高唱入雲的時候,而教育界的自身,竟有這樣互相衝突的現象,豈不是一件大可悲的事情——不!不!我們對於此次的運動,不滿意的地方很多,但不在這個衝突上面。我們並且敢進一步説:如果其他不滿意的地方消滅,就是衝突再利害一點,也不要緊!在世界歷史上巨大的運動裏面,那一次没有平和、激烈兩派的争持?我們爲什麽想我們這一次的運動,能特創出來歷史上没有的局面!我們對於此次運動最不滿意的,是大多數的自命爲知識階級的人,雖然也覺得英日人殘殺我們的同胞,面子上有點不够瞧——他們所覺得底止是這樣,並不是我特别挖苦他們——然而仍是睡覺的睡覺,乘凉的乘凉,對於極小部分的奔走號呼,鬧不準還要在後面説幾句風凉話。像這樣的情形,如果實行運動的人非常地好,就是讓他們累死,仍不生一點效力;如果有幾個不好的人,就很容易架着大家的名義去便他們的私圖。自便私圖的人固然可惡,但是旁邊説風凉話的人實負最大部分的責任。第二件不滿意的事情,是大家不堂堂正正地互相攻擊,却用些不相干的話互放暗箭。各校滬案後援會大駡學聯的人爲共産黨,學聯的人駡後援會的人爲民治主義同志會[①]。我們最不相信中國有若干的共産黨,就是他們是共産黨,又有什麽樣的罪名?至於民治主義同志會的不成罪名,更無庸贅言。大家既有政見的不同,就應該把自己的主張,與别人不同的主張堂堂正正地拿出來,討論也好,研究也好,就是因此而互相打起來,也没有什麽不好,現在不然,却總是鬼鬼[②]祟祟地互相傾軋,這真是無勇氣的表現ㄋㄚ!所以現在我們並不希望政見不同的人不互相排擊,因爲那是歷史上從來没有看見過的事情。我們所希望底:第一,大家總要記着説風凉話的人要比搗亂的人可惡的多,因爲搗亂的事情,很可以説是他們釀出來的;第二,希望大家如果有不能强同的政見,就應該把它明白地揭出來,破去架學校空名字的惡習,表示出來左黨右黨的鮮明旗幟;有能合作的事情就合作,没有能合作的事情就各盡各的力。誰也不架誰的空名字,堂堂正正地互相協作,互相攻擊。如果真能這樣,不要説現在止有兩大派,就是再多幾派,國事仍有挽回的希望;如其不然,不要説兩派不能合作,就是能暫時合作,而鬼鬼祟祟[③],終没有成大事的可能性。我們對於這件事的感想,就是如是。

---

①編者注:"民治主義同志會",原作"民治主義俱樂部",據猛進1925年7月31日第22期第8版"正誤"改,後同。

②編者注:"鬼",原誤作"思"。

③編者注:"就是能暫時合作,而鬼鬼祟祟",原誤作"就是能暫時鬼合作,而鬼祟祟"。

國民將何以自處呢?[①]

這幾天的消息,可謂糟糕極了:政府仍是如故的飯桶,終天希望早開賣國的關税會議——如果我們承認開華府會議所規定底關税會議,那我國的新工商業,就難有翻身的希望,怎麽樣不算是賣國了!?——教育界是終天鬼鬼祟祟地互相破壞,對於外面的事體,好像忘了;救濟失業工人的經費,已將告罄,罷工已經有不容易支持的形勢;在上海的軍人,又甘心爲外人的鷹犬,封閉爲愛國運動之各團體。自五卅慘變發生以來,消息的壞,再無過於近幾天的了。

然則我們從此就要抱悲觀了麽?——不!不!隨便一件很小的運動,也斷没有成直綫地、絶無波折地進展,已經成了社會運動史上的公例。"盤根錯節乃見利器",如果遇見一點阻力,就頹放自廢,那樣怯懦的人們,按着正誼,就應該受人的宰割!還有另

①編者注:本文原刊猛進1925年7月31日第22期"時事短評",署名虛生。

外什麽話説！至於勇敢的民族，倒不希望没有阻力；因爲如果完全没有阻力，或是止有一點很無聊的阻力，那生活就要陷於單調，一點情趣也没有了。况且現在所遇見底困難，差不多全是我們所預先想到底，我們又爲什麽能因此而悲觀ろ|？這件事情的成敗，没有一個人能預先知道，全看我們自己的奮鬥力如何。——今天（七月二十八日）看見晨報上一篇插畫，國民正在用一個唧筒給政府打氣，題曰"氣衰矣！努力！"，這就是我國人劣根性的表現。如果我國人民終天在那裏希望政府，或給政府打氣，那我們就可以預先斷定：這一次的運動，一定是失敗的。然則我們現在應該向着什麽方向進行呢？是有兩條：第一，趁這個時候，對於經濟絶交，作勇猛的進行；第二，對於作外國鷹犬的軍人，先作最嚴厲的、絶不客氣的警告，如果不聽，就要準備實力的對付；對於被壓迫的團體，要作積極的援助。大家如果能從這兩條路積極進行，運動一定可以成功。然則大家還是要睡着風涼着，任外人的宰割ろ|？還是不顧大局，在自己窠裏面作泥中之鬥獸ろ|？還是急起直追，毫無猶豫地去向前作ろ|？福禍成敗，全在自己去揀擇了。

我國外交當局是死的呢？還是活的呢？[①]

世界的外交家，當外交緊急的時候，朝夕忙碌，作各種的宣傳，以利外交的進行，自不必説。就是敵國的外交家，有一種非正式的表示，自國的外交家，不隔一兩天，一定作一種非正式的答復，凡少看過一點外國報的人，全要覺得是一件狠當然的事情。我還記得歐戰的時候，德國外交當局曾發表一種談話，大約説："法國説 Alsace 和 Lorraine 兩省，爲它的舊地方，後爲德國所强奪；實在這兩省原爲德地，法國用兵力無理由地强奪過去，何嘗是法國的舊地？"隔很短的時候，法國的外交家、議員、大學教授，在巴黎大學的大禮堂裏面，作一種巨大的 Manifestation，把前幾百年的老案卷，全搬出來，證明兩省的人民當日被德人所虐待，求救於法國，法國才出兵把它們兼并過來。這樣的一來，全國的人心一奮，世界的觀聽一易。那個時候，我們在法國的人，全驚嘆於法國

①編者注：本文原刊猛進 1925 年 7 月 31 日第 22 期"時事短評"，署名虚生。

外交手段的敏活。乃返觀我國,五卅案已經發生兩月,外交當局不曉得作過什麼樣的宣傳。至於英國外交總長,今天一篇宣言,明天一篇談話,搖惑世界的觀聽,何嘗見我國外交當局厂ㄥ一個不字?以至於望月氏在北京飯店中外外交要人的宴會席上,發一種似是而非的謬論,我國的外交要人恬然人面,何嘗敢反駁一句話?當友國的公使加拉罕不顧嫌疑,侃侃而談的時候,我想稍有一點生氣的人,一定要"汗流浹背"。然則我國的外交要人,端的是死的,還是活着的ㄋㄧ?——平心而論,這一次北京的外交界人,止有王正廷還帶一點活氣。不過他的氣魄還太①小,不能盡外交的責任。

①編者注:"太",原誤作"大"。

答陳文書[①]

陳先生：

我們接到你的信的時候，正是滬案初起的時候。事情很忙，關於滬案的稿件也很擁擠，所以一直遲到現在，才有答復你的工夫，這是我們所很抱歉底。

你的話我們差不多全贊成。但是所謂"陷人阱"，止可指那些"半死不生的學術"，更可以説，止可以指那些並不是真正學術，却冒牌自稱的學術。至於真正的學術，實在是中國唯一的起死回生的聖劑，的確有"研究的價值"。現在我國的大毛病，是大多數的人不作事。——這所謂大多數，我並没想指農工商的大多數，止想説自命知識階級的大多數。——這幾件事也要那幾個人去作，那幾件事又要那幾個人去作。那幾個人累得要死，仍是作不出來大事情。因爲他們没剩一點功夫去細想想事情的確應該

①編者注：本文原刊猛進 1925 年 7 月 31 日第 22 期"通訊"，標題爲編者所加。

怎麽樣作,所以辦事的效能,就減少了許多。至於[1]大多數,雖然自稱研究學術,却是在那裏打麻雀,下圍棋,吃喝嫖賭作樂。——我並不是説人應該終日悶着頭作工,一點不去游戲;我是要説,每天當游戲的時候,應該作正當的游戲,像瘋狂一般地游戲;游戲以後,却要堅實地作工。——這樣的情形延下去,你給他説"到民間去",他就回家去歇住,你又有什麽法子?並且實行的事,全没有預先想的那樣簡單。就從最簡單處説:我所説底新國民軍,能以少數勝人多數者,全靠住器械的精良,而器械的精良,又豈是無學術的人所能辦得到?兵工廠中用外國人,戰時危險極大,專靠取材異國,是萬不行的。我們現在所希望底,是大家起來,勇猛前進;像 Gambetta 奔走呼號,作救國的運動也好,像 Archimedes,敵人殺到面前,還在那裏畫幾何圖也好,搜集材料,深思遠謀,不去參加運動,專從旁邊指導群衆也好。辦自衛團的辦自衛團,辦通俗小日報的辦通俗小日報,辦兵工廠的辦兵工廠;實行的有人,指導的有人,研究實用科學的有人,研[2]究理論科學的也有人,那時候國家才能有救。我們的希望是這樣,并且覺得如果不是這樣,另外便没有法子。但是怎麽樣才能達到這樣的希望,却是一件極難的事情。然則除了思想革命,另外還有什麽法子了1?

徐炳昶。十四,七,二十八。

①編者注:"於(于)",原誤作"了"。

②編者注:"研",原誤作"斫"。

附陳文來信：

旭生先生：

在上海的時候，無論窮到怎樣，每星期總得積下幾枚銅子去買些周報來看。這其中要算猛進所給我的印象最深，雖然語絲、現代評論等我也每期非看不可。因此，從一期看到十一期，這中間有許多話要說。

然而這是過去的心緒，犯不着細去追究，現在是因爲母親的病回到鄉裏來了，連日報都幾天不能看見一天，總算苦我萬分！母病轉危爲安，自然又有足慰我者。我這個時候，就很高興很勇敢地提起筆來把我以前和最近的感觸寫出兩項意見，請教先生，不識有否登猛進的價值？

“革命”這件事情的尋常和必要，當然是“夫婦之愚可以與知”的；若其“聖人亦有所不知”的“聖人”，我以爲是不長進的笨夫；非然則爲資産階級的忠僕或馴狗，這種人是不能存着什麽奢望的。不過就廣義講，“革命”雖然是如此的尋常而自然，但人們有革命的情意和理智還是培養創造出來的。我以爲革命決不是單純的感情的作用。要有真摯熱烈的感情，必先有事實當前，經過深刻的理智的判斷，生出堅決的意志之後才會發生的。——尤其是要永久保持這種革命精神，我認爲非自己無産勞動階級化不可；因爲生活的安適或有輕視無産勞動者的念頭，都足以減殺革命的感情。那末，他終久定會變成前面所説的“聖人”。關於這點，在讀先生答韻石先生的信（見猛進第八期）的時候，已經拜倒；現在更盼先生努力鼓吹。

這以上究竟還是革命的理論，或許“不能起紙烟灰那樣的熱”，可也不談。我近來在鄉裏住了幾天，覺得“到民間去！”是一件再重要不過的事。若是專門在一些智識階級專有品的報紙上面説些“國民太不覺悟了”“中國人是根本敗類的民族”一類的痛快話，没有多大益處。我並不是不承認像上面一類的話，而且覺得是很真切而痛心的話。不過總以爲不像堅銘先生所説的“……漢族人真是‘天生的’敗類”，還有“針砭民族卑怯的癱瘓，消除民族淫猥的淋毒，切開民族昏憒的癰疽，閹割民族自大的瘋狂”的可能。這就要看我們實行到民間去與否以爲斷。

我以爲在半生不死的中國，什麽半生不死的學術，盡是陷人阱，確没有研究的價值；凡有生氣、有革命决心的大學教授、大學生、中學教員、中學生以及一班無産勞動者都應當抛棄[①]其原來那種半生不死的勾當，跑到民間去，實行革命運動。——至多也只留幾個人住在交通便利的地方，辦兩種報紙專門登載各地運動情形，及運動的方略等以爲公同研究的機關。先生！我老實下一個痛心的斷語：人們生在租界内或學校裏，無論怎樣喊得喉乾氣斷，國民仍舊是不覺悟，仍舊是敗類；“誰坐天下納誰的糧”“隨天拜主”，是他們的惟一主意，是他們的惟一的自救法。况且現在租界内是不許人們喊叫的，學校也不見得自由，因此，縮頭縮尾的辦法，祇有一班覺悟份子，一齊跑到民間去，領導和訓練一班群衆，組織如先生所説的“自衛軍”“新國民軍”以消滅一切革命途中的障礙。

①編者注：“棄”，原誤作“業”。

話已説得太多了,其餘的下次有機會再談吧。

敬祝

健康和努力!

陳文。六月十日於黄梅。

㓜！政客式的教育家！[①]

自命邏輯大家的章士釗，從前在政治裏面鬼混，雖然有很多不滿人意的地方，我們總是好以忠厚待人，以爲這些不過是書生的傻氣。乃不料他那卑鄙惡濁的真象，日漸敗露，我們就想給他回護，也無從回護起。巡警總監不能替教育總長負責任，其理甚明，無須多辯。我想章士釗如果還稍有廉耻，引咎辭退，也還不失政治家的風操。然而我的預料錯了，章氏竟靦然復職了，至於巡警總監的不能替教育總長負責任，章氏心裏，大約也很明白。他於萬無可設法之中，找出來一種獨出心裁的辦法，就是硬着嘴不承認！

"禁止游行，事前原有警廳通知，請爲轉知各校，但本部並未照辦。報載轉知一文，乃出黠者僞造，並非事實。"（見甲寅周報第一卷第一號第十八頁）"轉知一文，出黠者僞造！"真是妙想天

---

①編者注：本文原刊猛進1925年8月7日第23期"時事短評"，署名虛生。

開的說話！在這個亂七八糟的時候，誰說“黠者僞造”一文書，就不可能？但是這一紙公文，不惟登載於報章，而且揭示於各校，誰爲教育當局？誰爲司法當局？僞造私人信函，猶當訴之公廳，豈僞造公文，就可以敷衍了事？爽性自認錯誤，雖未見得很高明，總還算不甘於作文過的小人；就便横着心，“錯處就打錯處走”，也還算有作惡的勇氣。至於心中明知道錯誤，而一定硬着嘴不承認，這樣卑陋怯懦的小人，我也不願意再往下說了。

可是他回任不幾天，就鬧出女師大的大風潮。這次風潮，責任雖不全在章士釗身上，但是他一回任，就幫助楊蔭榆作這種蠻横的舉動，裏邊含着示威的意思，也是無庸諱言的。

至於楊蔭榆對於學校中普通的小風潮，處理不善，始則以政客離間的手段，希圖破壞學生的團體，繼則不惜作巨大的犧牲，冀遂其保存禄位的私圖；這一類政客式的教育家不哄出教育界，教育怎麼樣能有光明的希望了！？

我們應該怎麼樣對付章士釗ㄋㄧ?①

我們教育界剛講過對付王九齡,又要來講對付章士釗,真是一件大不幸的事情。但是我們又有什麼法子ㄋㄧ?

卑怯的章士釗,對於東南大學成了羊,對於女師大又要作狼了。他對於僞造公文的黠者(有這個人麽?),一句話不敢響;恬然人面,回到教育部的任上;"立威"的第一着,女師大的幾百女生,就被他開了刀了!女師大的同學,儘許有不對的地方,但是這是否能成學校停辦的理由?"學紀大紊!禮教全荒!""學紀大紊",誰應負責?"禮教全荒",禮教者又係何物?"男生嘯聚",本因楊蔭榆的無理開除學生,而章士釗反據爲解散學校的理由!此而可忍,孰不可忍矣!

我們也承認近來的學風不佳,也承認有整頓的必要。但我們所説底不佳,絶非彭允彝、章士釗之所謂不佳。拿彭允彝、章士釗

---

①編者注:本文原刊猛進 1925 年 8 月 14 日第 24 期"時事短評",署名旭生。

這一類的人來整頓教育，是越整頓越糟糕的。“打開窗户説亮話”，我們之所謂學風不佳，是説學生間染政客的習氣。拿彭、章這一類惡劣的政客來整頓學風，豈不是“南轅北轍”？章士釗同彭允彝並没有大不同的地方，所不同底，止是多一點復古的臭味。如果大家相信傾向復古的政客能整頓教育，那我也不需要再往下説了！

對於章士釗及其黨徒的感言[①]

慣於否認可以證明的事實的章士釗(我給他這樣一個很長的、很奇怪的形容詞,不惟大家覺得奇怪,我自己也覺得奇怪。但是我有什麼法子呢?黠者僞造公文的證據終究舉不出,而巡警並未進女師大的門的話,又親從章總長的口中説出!我又有什麼法子呢?)因爲自己的鹵莽滅裂,已經激起教育界很大的風潮。章士釗雖還不配爲舊勢力的領袖,而他所代表底,實在是一種反古的思想。這一次的風潮,實在不是章士釗個人的問題,却是新舊的問題。這雖然有點不幸,但是我們還守着我們的老意見,説:那一次巨大的運動,没有守舊革新兩派的争執?我們爲什麼想特創出來歷史上没有的局面?

這幾年維新的運動,代表舊思想的人除了很怯懦地、偷偷地在背後指摘人以外,總没有張明旗鼓地同新勢力鏖戰一下子,如

①編者注:本文原刊猛進1925年8月21日第25期"時事短評",署名虚生。

果有①興趣很高的奮鬥人，一定覺得很不高興，因爲這太單調了，太無趣味了。這一次章先生的復古運動，或者要使喜歡奮鬥的人試一試他們的好身手麼？如果這樣，不惟無可悲，並且是一件可喜的事情了。我們雖不配説自己有好身手，而奮鬥的興趣還不很低。我們並不希望對手方投降我們，却希望對手方勇敢地、嚴氣正性地、旗鼓鮮明地去作，不要鬧得太寒塵，給舊思想丢臉。

説的具體一點也好，你們端的希望章士釗及其黨徒些什麼事ㄋㄧ？第一，我們希望他們所要説底話，就明明白白地、什麼全不怕地、指出確實證據地説出來，不要專在那裏暗箭射人。就以女師大風潮來講，他們既是相信女師大的學生有"蕩檢逾閑"的事情，就應該把它的證據指出來，毫無畏懼地指出來。指出以後，社會自有它的裁判或辯護的方法。至於他們，就是靠着他們冷酷的眼光，去主張開除她們也好，殺戮她們也好。却總把偏稱鬧作全稱，丢邏輯先生的臉。

第二，我們希望他們既是决意要作復古的運動，總要先有點計畫，以後接着計畫往前走，成了就是自己的功，敗了就是自己的罪。總不要手忙足亂地，今天又想禁止五七開會，明天又把它否認了；今天想用巡警干涉學生，明天又説没有那會事情。像那樣亂七八糟地作，就是復古，也還不配説ㄋㄧ。

如果他們肯那樣去作，那我們也止好整整精神，跟到勇敢青年的隊後，擂鼓幾響，吶喊幾聲，同他來决一個你死我活。勝也

①編者注：原於"有"後衍一"有"字。

好,敗也好,本來勝敗不算一件什麽大事[①]。或者不打不成相識,鏖戰多年,歸結成了互相諒解的朋友,也未可知。如其不然,還是在那裏鬼鬼祟祟地暗箭傷人,及至人一去找他,他們藏匿無蹤。對於那樣的敵人,我們真要喪失勇氣,不敢同他們奮鬥;或者説一句老實不客氣的話,對於那樣卑怯惡劣的敵人,我們真不屑與同他們奮鬥了。

①編者注:原於“事”後衍一“事”字。

答一峰君書並比較自衛團與民兵之利弊[1]

我接到一峰君的信的時候(原信載在猛進第十四期),滬案已經發生,稿件叢集,人事匆忙,所以一直遲到現在,還没有回答的工夫。現在事情少閑,才能回答。並且因爲近來很有人鑒於軍閥[2]的蠻横,就想籌辦民兵。他們的動機同我們的動機完全相同,但他們所主張底辦法,與我們所主張底頗有差異,所以把這兩種辦法的利弊,簡略地比較一下。

一峰君對於自衛團的懷疑,共分三項:(一)軍械問題,(二)訓練問題,(三)調集問題。我們覺得第一項,驟一看來,好像非常地困難,實在却没有很大的困難;第二項雖屬困難,却並不是不能勝過的;第三項不成問題。兹分條駁論如下。

第一項又可分爲創辦時期及實行抵抗軍閥時期。自衛團本預擬爲自上辦和自下辦的兩種。如自上辦,則軍械在軍人手中,

---

①編者注:本文連載於猛進 1925 年 8 月 14 日第 24 期、21 日第 25 期,署名徐炳昶。

②編者注:"閥",原誤作"閲"。

即由軍人支配，自無問題（有人對於軍閥，有“滔滔皆是”的感想，覺得我們希望他們的覺悟爲“望梅止渴”者，但軍閥亦人類，預先就臆斷他們裏面没有一個比較明白的人，也未免太武斷；况且他們已經走到斷港裏面，一定還往前走，於人民不利，於國家不利，對於他們自身又何嘗有利益？所以現在他們裏面稍明白一點的人，未嘗不感受到苦痛，但是苦於無路可走。現在我們所開底路，是公私兩利的道路，何以見得就没有一個人想試辦一下子ㄋㄧ?）。如由下辦，則今日土匪衆多的地方，民間槍械，也頗不少；就是得不到，也還可以到官家去領（因爲這個時候，仍是一種民團，不揭抵抗軍閥的大旗，官家自無法拒絶他們）。至於子彈，則今日土匪，本無子彈，而仍能猖獗，就是由於軍隊的盜賣。土匪能買，民團何以就不能買？並且這個時候，實力未足，衹可抵抗土匪，抵抗潰兵；至於抵抗惡税，尚談不到，尚無與正式軍隊衝突的機會，所費子彈固不甚多。此間雖還未能抵抗軍閥，而人民所受實益，亦自不少。一縣如此，他縣仿行。以後漸漸地聯絡起來，等到聯絡到一二十縣，實力充足，號令齊一的時候，就可以試着抵抗惡税了。消極抵抗，本不攻人，即有軍隊横來攻擊，而守逸攻勞，所需子彈，要當爲一與六七之比。我又聽懂得軍械情形的人説：子彈之難製者，爲外面的銅包皮，至於内面鐵胎，即鄉下鐵匠，也能製造。如一面放槍，放過後，立時即把包皮撿回，付鐵匠重製，一彈可抵十彈的用途。並且既有一二十縣的聯合，合力辦一小兵工廠，製造子彈，也不是不可能的事情。兼之今日軍閥，全是一班紙老虎；制梃雖不能撻歐美的堅甲利兵，而對於我國的軍閥，却很有幾分可能性。國民第二軍嘗數人共一槍，子彈缺乏，而仍每戰能勝,就是一個明證。今日對付軍閥,患在不能聯合;至於槍械,實在是第二等問題。自衛團的徵發,於必要時,止及鄰縣,交通尚可不成問題。至新國民軍的編制,必須在全省差不多全聯合到一氣的時候,至少也須在兩道屬以上聯合到一氣的時候。因爲再少,款項不足,不能養正式軍隊,並且也没有需要。等到聯合一氣,即可以要求撤除舊式軍隊,不聽則驅逐之。交通收歸自有,徵發自可不成問題。

至於實在的困難却在一峰君所説底第二項。此又可分爲兩小項:一訓練之難,二紀律之難。訓練則因現在學校中不教軍事學,所以我們這些没有受過軍事教育的人,對於軍事毫無所知。將全權付之軍界中人,又恐"太阿倒持",成了軍閥的附屬品。紀律則因鄉鄰的關係,不容易執法以繩。但是這兩種困難全屬於人的方面。我們無論作什麽事,人的困難總不能没有。如果大家肯盡力去作,人的困難總可以免掉。曾國藩、羅澤南辦鄉團的時候,同我們現在辦自衛團有同樣的困難。他們既能設法把困難除掉,而我們即從此甘自暴棄,如果那樣,那也不需要再談救國了!至於一峰君所問底自衛團與新國民軍是募兵,抑係徵兵,則係没有看清我原擬的辦法,本無問題。因爲我已經明白地反對招集無業貧民充當的民團,則自衛團當然是挨户派充。我國大部分係農民,農隙訓練,已可一用。瑞士民兵强迫服役的期限,止有三月,已足證明。又况自衛主要的任務在守而不在作戰。正式作戰,自有新國民軍。則團勇的訓練,不須三月,或已可一用了。新國民軍爲每省所養底最大額,自用募兵。但因裏面編制的不同,自可不至蹈現在軍隊的覆轍。有人説:你説永不許團推廣成旅,旅推廣成師,然則你又有什麼法子去禁止他? 我們答復他說:如果大家相信那個規約爲萬能的,那自然大糟特糟,將來他們不守規約,並没有法子來禁止他們。如果還有别種的條件,去限制他們,想破壞規約,也不見得就那樣容易。軍士全體識字,軍官全由學校出身,對於本軍的任務,有明確的意識,這已經對於野心家加以重要的限制。本地財政有清楚的系統,人民有自衛的覺悟,這又是一種限制。對於異地無自衛覺悟的人,我們除向他們宣傳主義外,其餘全不干涉;必須有自衛覺悟的人,我們才去竭力援助。我想對於有自衛覺悟的人,想去横征苛斂,擴充軍額,恐怕不大容易ㄅㄚ。我對於一峰君和别人的懷疑所答復底,就是如此。

至於一峰君所説底到軍隊去,原則上雖没有什麼説不通,但是一峰自己説過了:"决不可操之過急,未得他們相信以前,寧可不宣傳,决不可冒昧從事。"我就要反問一句話:得他們的相信,談何容易! 我們中國的軍閥,没有一年不作泥中的鬥獸。那個時候,你還没有宣傳,或者宣傳的功夫才作一半,你可是怎麼樣辦呢? 或是跟着他們殺戮同胞ㄋㄧ? 還是抵抗他們ㄋㄧ? 抵抗他們,則力有未足;跟着他們殺戮同胞,那你們到軍中去是作什麼ㄋㄧ?

不妨再作一個夢:設想你很容易得到他們的相信,有一師的人可以受你指揮,有幾十縣的地盤可以供給你的糧餉,我就要問你那個時候你可怎麼樣辦ㄋㄧ? 你要向他軍隊裏去宣傳? 他也未見得那樣容易讓你去;你要同他打? 他的軍隊也許比你多的多。不要説你去攻他,他滿許用很多的軍隊,來争你的地盤,那個時候你用什麼去抵抗他? 多招些兵,然則餉從何出? 並且你所作底同他所作底又有什麼分别? 説過一百圈,你要想得到一個進可以戰、退可以守的法子，除了籌辦自衛團，還有什麽法子？你説我的主張，要“事倍功半”，然則你的主張，豈不又繞回原路來了麽？

總之我們確信：現在如果一個人有相當的勢力和地盤，而欲有爲於中國，非在他的勢力範圍以内有政治不可。必要作到兩件事，才能算作政治：第一在他勢力範圍以内的人民得以安居樂業；第二人民得以按着軌道向前走。山西能辦到第一件，却不能辦到第二件，所以還不能算作政治。有了政治，才進可以戰，退可以守。在這個亂七八糟的時候，想得到進可以戰、退可以守的根底，除了自衛團和新國民軍，我們還没有聽説第二種的好辦法，我們答一峰君的話，就是如此。

這幾年來，我國無所謂政治，止有軍閥們的争權奪利；像這樣延長下去，没有很大的希望：這差不多成了全國人普遍的意見。想得着一種新勢力，替代軍閥們的惡勢力，非去組織民衆的力，没有另外的方法：這也是很多人感覺到的事情。想用民團的勢力抵抗軍閥的蠻横，我也很看見幾篇文章主張這一類的議論。他們的意見同我們完全相同，不過具體的計畫，我們還没有大看見。還有些人感覺到現在軍閥的靠不住，就想倡辦民兵。他們根本的意見同我們一樣，但是他們所主張底辦法同我們不同。我們對於他們的主張，就不能不加以詳慎的考慮。比較的結果，我們不能贊同民兵的主張。其理由如下：

一、欲行徵兵必先有詳細的户口調查。我國的户口調查，可以説是等於零。如果想趕緊去籌辦，則我國不惟政治不上軌道，更可以説並無政治。政府號令不出國門，你要責望誰去辦？就是政府答應去辦，仍是一紙空文，毫無用處。没有户口的調查，却想行徵兵，不曉得有辦法没有。至於自衛團，則由鄉間籌辦，本以自衛其身家，雖無户口調查表，已可無隱匿的毛病。新國民軍則仍用募兵，更屬不成問題。

二、我國人民視當兵爲畏途。"好鐵不打釘，好男不當兵"，已經成了普通人的信念。近一二十年，因尚武的提倡，雖然少好一點，但近幾年來，軍紀的敗壞，軍閥們的無理争鬥，又將提倡過來的一點風氣，鏟除净盡。在這個時候，忽然提議徵兵，是不是要鬧出亂子，就很難説。至於自衛團，則各省中已多有民團的根柢，爲事輕而易舉；並且他們所作底事情，全有切膚的利害，很容易給他們説明白，可以事半而功倍。

但是這些還不算是主要的困難。如果止有這一條路，能多盡點力，困難也未見得不能勝過去。我們所以毅然决然主張自衛團與新國民軍的調劑辦法，而反對民兵的簡捷辦法，實因有下列的兩種主要的原因：

一、一地方軍事的費用必須止占一地方歲入的最少數，地方上其他的事業始得平均發展，已經成了政治上的一種公例。我國現在百業凋敝，賦税已經有不能增加的形勢。就拿我們河南講，歲入不及千萬。説到養兵，至多不過可養三師人（聽説每師每年需百萬上下）。這還是説現在器械不很完備的軍隊。如果想要器械完備，恐怕還養不到三師。河南人口約三千萬，依法國人口四千萬，戰前强迫服務二年而有常備兵五十餘萬比例，則河南行徵兵，當得四十萬人上下。即將服務期限减至半年，亦仍當得十萬人上下。聚十萬不生産的人，國家已經有很大的損失；不過可養三萬而竟養十萬，餉從何出？自衛團則農隙訓練，忙時仍然歸農,有藏力於民之實而無不生産之弊,已經比民兵好的多。又况人人可以執武器自衛,除了特别情形之外,不需要籌特别的餉糈。即有特别情形而需餉甚少。人民爲切膚的利害,籌少數的餉糈,比較容易。至於新國民軍,則按照地方的收入情形,酌量辦理。利其器械,便其交通,精其訓練,則一師可抵數師之用。又有民間的武力爲作後盾,則無論鄰省養多少兵,全不怕他的侵犯了。(對於這個問題,我們因爲軍事知識太差,所以不能計算精細的數目,非常抱愧。但可以相信的,就是大致不錯。我們要盡力去找精細的數目。得到後再爲修改。)

二、我們提倡民兵的制度,是想抵抗軍閥的蠻横。但這種制度,是否能達到這種目的還是一個疑問。我國人民知識幼稚,民兵徵到,軍閥驅迫他們作無理由的戰争,他們是否就能彀抵抗,恐怕誰也不能答這個問題。聽這話的一定要有一個緊接的問題,就是:民兵固然不見得準能抵抗無理由的戰争,可是你們所提倡底自衛團與新國民軍,是否就準能抵抗?如果軍閥驅迫他們作戰,或没收他們的軍械,他們是否準有法子對付?河南胡、劉戰争的時候,兩邊争着没收民團的軍械,豈不就是“前車”?——我們回答他,就是:如果想仗恃“自衛團”三個字,就想抵抗軍閥,當然是荒謬不過的事情。但是名義也不是一件可忽視的事情。驅民兵而使之戰,比較容易;驅自衛團而使之戰,總還得作一個很大的轉手。我們如果一方面籌辦自衛團保護身家,一方面竭力提倡國音字母與通俗教育,辦通俗小日報,宣傳自衛的真意,人民大部分明白,則軍閥强迫他們作戰,頗非容易。至於民團之被胡、劉收没軍械,弊在於無組織,如能組織起來,互相輔助,抵抗軍閥,自不甚難。我並且聽説胡、劉之戰,民團恨憨玉琨的收没軍械,當他在前面作戰的時候,就在後面攻擊他,劉鎮華敗的那樣快,這也是原因中的一個。像那樣漫無組織的民團,還能掣軍閥的肘,而况組織精密的自衛團,説它還不能抵抗紙老虎的軍閥,誰其信之?設想有二十縣,每縣民間有三千隻槍——這個數目,在山東、河南土匪横行的地方,絶不算一件希罕事——互相連絡起來,通共能戰的就有六萬人。雖自衛團的戰鬥力或不及正式軍隊,然攻勞守逸,且客軍地理不熟,如果真想鏟滅這六萬團員,就非有十萬精兵不可。十萬精兵!照現在的軍閥來講,恐怕也不很容易調得出ㄉㄚ!就是調得出,把所説底自衛團鏟平,他的十萬精兵又要損失多少?這對於他個人又有什麽利益?從這樣看起,自衛團足以抵抗軍閥,實在是很顯著的事情,並没有可疑惑的地方。

總之我們相信徵兵困難較多,且須借助於政府,就是辦起來,還不能直接地去抵抗軍閥,遠不如自衛團與新國民軍之可自民間辦起,且比較簡而易行。所以雖很贊成辦民兵的意思,却反對他們所主張底辦法。

答錢玄同書①

疑古玄同先生：

反對章士釗的宣言，起草以後，第一次修改的時候，草草把反古一層略過，實在太大意了。現在已經據鳳舉先生的意見加入。想你看到這張報的時候，也應當看見宣言，可不必再說。至於你對於女師大風潮的意見，我完全表示同意。我這一次所作底再論禮教問題，也正是想從根本上把“屄卵之交涉”哄出道德的中心地位。不過我的話繞的灣子太大了，這一次因爲精神不好，止寫了一千多字，離正題目還相去十萬八千里，你豈不要笑我大纏夾而特纏夾哉？你的話一語破的，大快人心，所以我没有徵求你的同意，就大膽地給你披露。見面的時候，再請我冒昧政的罪名ㄅㄚ。至於宣言大家已經簽名的很多，我們所説底意思，恐怕不少

①編者注：本文原刊猛進 1925 年 8 月 28 日第 26 期“通信”，標題爲編者所加。

的人總覺得有點特别,所以我的意思也是不夾入爲是。

徐炳昶。八月二十六日。

附錢玄同來信:

旭生先生:

日前發一書,説反對章行嚴宣言文末我願署名事,想先收到矣。

信發後,仔細將"宣言"看了一遍,覺得數章氏之罪未免有舍本逐末之病。鄙意章之根本罪惡,係無耻(媚段)與復古(反對新文化與國語),從此點發出,見諸行爲,則有用武力驅逐女師大學生之事。其解散女師大,若單就什麽"囂張"等等立論,雖頑舊,尚可恕;而彼則不然,自做解散女師大之呈文起,直至劉伯昭侮辱女生,處處着眼於什麽貞操的問題,此輩思想與目光不出屄卵之交涉,真可謂污穢卑劣之至,此實最不可恕者,鄙意似宜將此數點叙入,庶幾有當於扼要據源。不過如此一説,有許多舊的新的君子們,又不欲簽名了,所以或者不加也好。(下略)

疑古玄同。八,二十四,夜。

我們能坐待宰割麼?[①]

這些天關於滬案的消息,可以算是沈悶極了。英國用軟纏的法子,把交涉無形地延宕[②]下去。對於日本,我們總算忍辱吞聲地在外交上暫告解決。罷工本來是一件不能很持久的事情,現在已經逐漸上工。至於我們所恃爲惟一後盾——經濟絶交——差不多可以説算是没有大成功。英日的貨物仍是充滿市上。布匹紙張幾乎是没有法子。就是紙烟一件,可以算是頂容易抵制的東西了,可是風潮初起的時候,英美烟似乎很見減少,至於近來大有恢復的形勢。我前兩天偶然到永定門外,見鄉間所賣,並無中國紙烟。墻上到處看見英美烟公司的廣告,至於中國紙烟的廣告,則絶没有看見! 像這樣情形延長下去,還説什麼打倒帝國主義ㄋㄧ? 像這樣的人民,本來止配受人宰割! 又何必去怨天尤人ㄋㄧ? 固然感情無論在什麼地方全是很快地升高,很快地降下,但是受這樣大

①編者注:本文原刊猛進 1925 年 9 月 11 日第 28 期"時事短評",署名虚生。
②編者注:"宕",原誤作"岩"。

的懲創,而竟没[①]找出來一點組織、一點辦法,這種民族豈不是例應淘汰?ㄞ!"亡羊補牢,尚未爲晚",我親愛的同胞們ㄋㄚ,你們可是坐待宰割ㄋㄧ?還是要想一種辦法ㄋㄧ?

①編者注:原於"没"後衍一"出"字。

可怪！可怕！[1]

“查北大脱離教部，在彭允彝長部時。……終彭君長部時期，北大仍然不屈，反唇之譏，有加無已。特所謂獨立者，他種公文一概不受，支付命令則一笑承之而已。……”（甲寅第一卷第六號時評）

“彭允彝的時候，北大與教育部脱離關係，所有教育部的公文都一律退還，可是教育部發的經費却都受下來了。……”（現代評論第四十期西瀅君的閑話）

以“依了良心的主張”的西瀅君竟至[2]拾甲寅的牙慧，豈不是一件很奇怪的事？——説他們一鼻孔出氣，自然還不足以證明他們的話不對。但是我個人並不覺得不承認彭允彝爲教育長官，同不在教育部拿國家的（並不是彭允彝的）教育經費，有甚麽必要的關係。

①編者注：本文原刊猛進1925年9月18日第29期“時事短評”，署名虚生。

②編者注：原於“至”後衍一“至”字。

*　　*　　*

“……小言之,段政府如不倒,章士釗未必去,而學生一年半載的光陰又虛擲了,大言之,安知北大不爲女師大第二呢?”(現代評論第四十期西瀅君的閑話)。西瀅君雖説分别“小言之”“大言之”,但是北大已經照常上課,學生並没有“虛擲”“一年半載光陰”之虞,所以他所説底“小言之”,仍是他所説底“大言之”,並不是兩句話。安知北大不爲女師大第二!這是怎麽樣可怕的消息丨丫。有人説:“西瀅君大約又聽了‘流言’,消息未必靠得住。”有人説:“凡章士釗、劉百昭所作底事情,全預先請教過‘東吉祥胡同的正人君子’,西瀅君近水樓臺,所得底消息當然千真萬真。”這些話我們實在没法子判斷,因爲劉百昭常常到東吉祥胡同,雖然有很多的人看見,但是他去是不是請教這一班“正人君子”,我們並没有“贊襄密勿”,又怎麽樣能知道呢?

國人對於關税會議所應持的態度[1]

我們素常所反對底關税會議,現在快開幕了。政府爲敷衍國人起見,雖把關税自主權列在第一項,而畏葸性成,未必真敢力争。今天各報所載,並有分四期之説:第一期實行二・五附加税,以二年爲期,在此二年中,中國力謀裁釐的切實辦法;第二期關税率增至一二・五,以四年爲期;第三期中國應有出口税國定權,進口税尚須交涉增加,此時其中中國僅享有關税半自主權,從十年乃至十五年(此據晨報,京報所載略同,但第三期則爲自十年至二十五年);第四期中國始享有關税[2]自主權。這種方針,據報上説,已經關税委員的同意,俟閣議通過後,即可决定。像這樣朝三暮四的辦法,國人應該嚴加注意,急起抵制。括總説起,我們想求人民(非政府)經濟的復活,就不能不求新工商業的發展。而欲求工商業的發展,在中國現在的情勢,非施行一部分的保護政策,

①編者注:本文原刊猛進 1925 年 9 月 25 日第 30 期"時事短評",署名虛生。

②編者注:"關税",原誤作"税關"。

殊無別法。我們立刻需要人民經濟的復活,就立刻需要關税的完全自主權。我們也承認想收回關税自主權,頭緒紛繁——比方説,裁撤釐金——必須要若干時的預備。但是一二·五税率的增加,對於國民生計,有什麼大關係?我們需要底爲關税的完全自主權,半自主權又有什麼用處?試想我們止得到出口税國定權,頂多也不過能限制我國原料品的輸出。這樣,内地原料品的價格,雖能少覺低廉,而外貨充斥,想同它競争,仍是不容易。歸結,這種半自主權的取得,同一二·五税率的增加,全有同樣的結果,就是:國庫增加若干的收入,國民的經濟,仍是江河日下,毫無起色。像這樣騙人的東西,我們却奔走呼號去力争它,未免太傻氣,太不值了。我們現在總要認清題目,力争關税的完全自主權。預備的期間,至遠不得出五年。拿準這樣的條件去要求政府,政府如果肯順從民意,那是再好不過,我們就應該竭力爲它的後盾;如果不然,則是政府自棄於人民,我們就是由對外轉成對内,也是極應該的。這是我們死生的關頭,我們千萬不要忽過丨丫。

答燕召亭先生書[①]

猛進自第二十七期起,因爲均勞逸的緣故,已經歸李玄伯先生編輯;但因先生的來信,是對於我在第二十九期上面所作底時評可怪!可怕!說的,所以玄伯就拿來給我看。我因爲同先生是很要好的朋友,又有好多話要說,所以就來攙加幾句。

我讀了這封信,是狠感激的。這并不是像舊人在開板說話以前,一定要先說許多套話,實在是頭一看的印象,就是如此。因爲在這個詐僞盛行的時候,有很多的人見面總是肝膽肺腑,背後又不曉得放什麼冷箭;這一類的人最使我們防不了,也最使我們看不起。像先生這樣爽直的人,一覺得我們說的不對,就來嚴詞詰責,一則曰"有些不應當",再則曰"都不該……",心裏有什麼說什麼,同我們的脾胃才真相合,我們又怎麼能不感激ㄋ丨?我們所感激先生底,在於爽直地說話,然則我們對於先生的意見,有不能强同的

①編者注:本文原刊猛進1925年10月2日第31期,署名徐炳昶。

地方,也很爽直地同先生一説,想先生也不至於生氣ㄅㄚ。

先生説:"虛生先生因批評章士釗,而推到西瀅先生與章'一鼻孔出氣';因西瀅先生[1]在東吉祥[2]胡同居住,就想到'有人説:凡章士釗、劉百昭所作的事情,全預先請教過"東吉祥胡同的正人君子"'。我讀罷這段時評,實在替'東吉祥胡同的正人君子'們代抱不平。虛生先生拿自己不相信的流言,攻擊他人的人格,有些不應當。"對於這些話,我第一要聲明底,就是我所説底"西瀅先生與章鼻孔出氣",並不是什麼間接的推論,却是直接的看出(la constatation directe)。我引西瀅先生的話,自信並無斷章取義的毛病,而除了白話文言的區别以外,我並没有看出什麼樣的區别,所以在比較以後,就結論説他們一鼻孔出氣。總之,一鼻孔出氣與"英雄所見略同""其意暗合"等類的字,並没有什麼很大不同的去處,裏面也不一定含着壞意思,請先生不必多疑。如果先生或西瀅先生能給我們指明出來,外面雖同,裏面却有差異,那也是我們所很歡迎底。第二要聲明的,就是劉百昭常常到東吉祥胡同,我雖没有親眼看見,却有很多可靠的人對我説,我很相信,並没有把它當作"不相信的流言"。至於章、劉作事,"全預先請教過東吉祥胡同的正人君子",雖然曾經章士釗的機關報大同晚報説過,我們却不敢輕於相信,所以預先聲明説"又怎樣能知道",更説不到"拿不相信的話"。至於"攻擊他人的人格"和"中傷",那是我素常鄙夷不屑爲底事情,而況對於東吉祥胡同所住底很要好的朋友們。那一天,當我讀過買到底現代評論以後(諸

①編者注:原於"生"後衍一"生"字。

②編者注:"吉祥",原誤作"祥吉"。

位所辦底現代評論每次送給我看,我非常感謝。但是自從屢次登載攻擊我們的議論,就預先不送給我看了,所以那一期是我用錢買來的),心中忽有所感,當時又在病中,不耐細思,就把心中的感觸寫下來交給玄伯,玄伯又没有檢點,就把它登來,以致激起先生的"不平",並且至於引起東吉祥胡同諸位朋友的"人格"問題,真是大出我始料之外,誠惶誠恐。

先生或者要問我:你對於第二個人所説底話,端的自己相信不相信? 我老實回答先生説:我相信一半,不相信一半。"預先請教過"的話,雖然經章士釗的機關報上説過,這大約又是"用其名"的辦法,我個人全不相信。但因爲劉百昭的頻數過從,他們所要作底事,諸位預先知道,不惟是可能的事,並且是很近理的事。所以我所説底"可怕",到現在還是非常地害怕,那可有什麽法子ㄋㄧ?

我説到這裏,本來想把我個人對於章士釗、女師大思想變遷的經過和我所認爲諸位錯誤之點,詳細説一下子。但是我又傷風了,實在不能執筆,止好暫止於此,等候下次再説。

總之,我聽説在東吉祥胡同住的諸位朋友們,對於從前學校反對彭允彝的事情,就持反對態度,前後的主張始終一貫,我個人自謂對於這一點非常地能諒解。但是諸位的竭力挽救不在平時而在臨時,並且章士釗的狂謬,比彭允彝、王九齡利害的多! 我也是近來才從甲寅和他的各種呈文裏面看出! 而諸位那二次並没有這一次的特别堅决,以致①外面妄加揣測,謡諑繁興——那些

①編者注:"致",原誤作"政"。

無根的謡諑，我個人完全不相信——我實在不能不爲我素常敬服的諸位先生可惜。

徐炳昶。十月一日。

對於滬案的痛言①

據近幾天的新聞,滬案的失敗,大約一定要成事實,無從挽救了! 滬案的失敗,本來在我們意中:政府是那樣的政府,人民是那那樣的人民,我們又能有什麽奢望了!? 可是失敗自失敗,我們却没有預先料到能失敗到這樣地步!! 這並不是説,被扼咽喉的關税自主權没有爭回,爲内亂重要原因的租界制度没有取消,我們就説這樣悲觀的話。不! 不! 一定不是因爲這個! 關税自主權和領事裁判權的未見得能立刻收回,我們預先也有點料到。但是我們弱者所恃底惟一的武器,不是經濟抵抗麽? 同胞被人家殺了,國家被人家污蔑了,對於他們無關重要的貨品,還不能不買,這樣的人還算有人心麽? 人民知識不够,自負能指導他們的,不是自命的知識階級麽? 現在外交這樣緊急的時候,到市場裏看,大家淡然若忘! 到學校裏看,大家淡焉若忘! 市場内不惟不堅

①編者注:本文原刊猛進1925年10月9日第32期"時事短評",署名虚生。

固、不美觀的英日布匹——我説英日的布匹不美觀,一定有很多的大爲反對,然而我要反問一句:你們是否看見外國人穿那樣惡劣的東西?——不惟那些東西仍是充滿市廛,就是對生活毫没有一點用處的英美烟公司的烟,也好像很驕傲地,站在街頭,惡很很地向着我們説:你們這些卑劣的人們,空自奔走,空自呼號,還能奈我們何?及至回頭看看自命知識階級的人們,雖然也知道滬案即將解決,可是他們自己好像對於這件事全没有關係似的!!!像這樣的失敗,我們怎麽樣預先能料到ㄋㄧ!!!!

這一次政府外交的失敗,從表面看起,第一步就是不能俯從輿論,派兵入租界保護我國人民的生命財産,第二步就是萬不應該拿十三條作爲交涉的基礎。但是這些還是小事,那一班看見外國人就頭疼的外交官執政,我們原來錯了,把他們看的太高了!但是無論怎樣,我們總還希望他們不好意思賣國。可是他們竟會趁愛國運動正熱烈的時候來整頓學風,説他們不是别有肺腸,誰其信之!現在好了,學生全安靖地上課了,關税會議也快開了,開這樣的會議是要作什麽?豈不是"司馬昭之心,路人皆見"!自稱革命的政府,對於洋大人,這樣的恭順乞憐,我們小百姓是永遠不能忘記的!

至於人民一方面,則自滬案發生以來,凡接近國民黨的人,總是什麽全不顧,亂七八糟地往前走;至於接近研究系的一班人,看見别的一班人站在前綫,就大動其疑惑,説他們這樣的莽撞,恐怕是别有用意ㄅㄚ。他們也不管國事怎樣,嘴裏雖也間或説兩句一致對外的話頭,實在却是旁敲側擊地大拆其臺。學生方面,也好像受了暗示似的——我説他們好像受了暗示,因爲我的思想很簡單,我相信學生就是壞的,也還要比研究系的政客們好一點——鬧些"共産黨""民治主義同志會"的無謂的争執。止顧無謂争執,就把正題目忘記了。這一次的外交大失敗,雖説政府也實在可惡,可是長袍階級總不能不負一大部分的責任。像這樣的人民,被人家的踐踏蹂躪,真是天理活該!

然則我們應該怎麽樣ろ丨?且吃且穿,坐待宰割麽?雖然現在有很多的人打這樣主意,我想人心未死,總還有不少的人不甘心這樣坐着等着。不甘心坐着等着又能怎樣ろ丨?我就正告這些有志的人説:諸位不甘心坐等着宰割,就要看準這一次是怎樣的失敗,找出一種可以通行的路子。諸位不要再希望什麽政府,什麽軍閥,什麽名流,他們全是受了若干的艱苦,才挣得到那樣的特殊地位;現在全是日不暇給地享用他那由特别地位所得底利益,那還有工夫給人民想事情?諸位不甘心坐待宰割,就要從自己身上作工夫,就要從真正的人民身上下工夫。這一次的運動,如果人民知識少高一點,一定不至於這樣的失敗。我們亡羊補牢,應該艱苦地、忍耐地向人民作工夫:辦自衛團的辦自衛團,推行注音字母的推行字母,辦通俗小日報辦小日報……雖然功效少遠一點,但這樣得到的,才是真正的功效。據我們看來,止有這一條可以通行的道路,大家千萬不要自誤了。

再論禮教問題[①]

我從前在社會科學季刊第一卷第一號裏面,發表一篇禮是什麼?。這一篇研究的結果,大約是説:禮就是附於社會理想的行爲的軌則。社會理想是可以變的,所以禮也是可以變的。禮雖有使社會外面整齊嚴肅的效用,而群衆確實的進步,在於大家向道德本體的努力。至於軌則的齊一,絶不是社會進步的徵驗。當社會理想變化的[②]時候,硬性的禮教就要成了社會進步的障礙;改良社會的先鋒隊,一定要被舊禮教所吞食。這一類的意見,我們現在完全没有變化,但是還有很多的意思,那個時候還没有想清楚,所以語焉不詳。歐洲的學者常説禮(la ceremonie)和道德(la morale)兩件很有分辨的事情,我國的人總是把它們鬧混。因爲這樣的含混,在實行上就要鬧出很大的不方便,所以我們就不能不把

①編者注:本文連載於猛進 1925 年 8 月 28 日第 26 期、9 月 4 日第 27 期、9 月 11 日第 28 期、9 月 25 日第 30 期、10 月 9 日第 32 期,署名徐炳昶。

②編者注:"變化的",原誤作"變的化"。

它們辨析明白。並且近來章士釗又拿“禮教全荒”的罪名爲解散女學校的理由。我們雖還不配説是社會改良的急先鋒,而舊禮教對於我們還是張牙舞爪,作出那極可怕的樣子。我們如果不抵抗它,它不惟要吞食我們,並且我們的後人還要被它吞食。我們爲免吞食起見,更不能不對於它作一種詳細的研究,把它解析開,看看它端的是什麽東西。不過今天所研究的範圍,是限於禮教和道德的關係,仍屬引伸上次未完的意思。至於舊禮教所附底社會理想是什麽,這種理想與現代的生活有無不合的地方,則因範圍太大,止好改日再説。

一

想明白禮教與道德的關係,先須要明白道德是什麽。換句話説,就是先要給道德下一個比較明確的定義。但是這件事情,談何容易?

由一方面看,可以説道德的知識是最古的。因爲人類最切要的問題,並不是要知道宇宙是什麽,我是什麽,却是要知道我應該作什麽。所以人類最早的知識,並不是對於宇宙的知識。Peri physeos(自然界論)必須要人智進化達到一定的限度,才能發生,而實行的規則,却在很早的時候,已經夾雜在神話中間。由另外一方面看,則道德之成真正知識,成科學的知識,可以説是頂近的。更密切一點地説,道德在現在,才有成科學知識的希望,從希望到現實,總還需要比較長的時期。因爲什麽呢?因爲我們雖然急着知道“應該作什麽”,却非先知道“是什麽”不行。必須對於某部分的現象先有比較明確的觀念,然後對於它的動作才不至於大錯誤。所以想要某種實用科學進步,非同他相當的理論科學,先有重要的進步,是萬不行的。想要一種理論科學進步,必須對它有客觀的精神;這就是説:把它所包含底事實,當作一種對象(object①),毫不加上一點主觀的情感,公公平平地去研究它。比較抽象的科學,比方説數學、力學等,它們的對象離人事少遠,公平地研究比較容易。至於社會裏面大家所承認爲有關風化的事實,比方説,大家所看作蕩檢逾閑的事和看作貞節可風的事,看作大逆不道的事和忠義感天地的事,把這些事實放在一個水平綫上面,用同樣的眼光去解析它們,研究它們,這是怎麽樣一件困難的事情!但是不能辦到這一步,社會科學就不能成立,社會的理論科學不成立,却想得到合理的知識(la connaissance rationnelle)和合理的技術(l'art rationnel),就是萬不可能。近來法國的大社會學家 Durkheim 和 Lévy-bruhl 努力於社會學和道德學的理論的和實用的知識的分離,很有成功。但是去社會學和道德學完全成立的時期,恐怕還遠。在這種情形之下,就想給道德一個明確的定義,豈不是一件不可能的事情?

但是,如果想等到理論科學完全成立以後再去講實用,那也是一件不可能的事情。因爲生理學還沒有進步,就禁止醫生去治病,天下豈有那個道理?况且實用科學同理論科學是互相因果的。理論科學的進步,固可以影響實用;實用科學的改良,也可以影響到理論。所以現在道德的理論科學雖還没有成立,我們還不

①編者注:"object",原誤作"objet"。

妨講道德。想講道德,就是不能給道德一個比較明確的定義,儘少,也得使讀者對於道德有一種比較明確的觀念。如其不然,讀者心目中的道德,並不是你心目中的道德,那要引起許多無謂的爭執。爲免除將來的誤會起見,我們現在就得儘我們可能的限度給道德下一個定義。

二

想給一件東西下一個定義,大體上可用兩樣不同的法子:第一,由它外面表現出來的性質指明它;第二,由它内面本有的性質指明它。第一種方法有很大的好處,就是可以捉住它客觀上實在的性質,免去任憑主觀隨便亂説的毛病,所以現代的科學全偏重這種方法。但是純用這種方法,是否就能達到真確知識的目的,却是一個疑問。頂重要的就是道德的現象直滲入人類生活的最深處,外面雖不見有什麽特徵,而内面的活動却可以非常强烈:這一類的事實並不很希見的。並且這些暗地的活動將來對於人類的生活,全是很有影響。如果不從它内面本有的性質説明它,則所得的知識實屬偏而不全。固然,近代的科學,目的限於認識(Connaître),並没有明白(Comprendre)的野心;古代的哲學家因爲專求明白,就陷於不可捉摸的玄學裏面,阻撓真確科學的進步有很長的時候:那全是我們所承認底。但是近代的科學,並不限於叙述(descriptif),主要的部分仍在於説明(explicatif),却也是很實在的。古代哲學家的大毛病,並不在於想明白事物,却在於他們急着用一種普遍的原則講明一切。比方説,ㄚㄦㄧㄙㄊㄡㄊㄝㄌㄝㄙ想用形式(morph)和物質(hylé)講明宇宙間一切的變化。近世的科學家,對於他所研究底對象仍試着作一種合理的講明。不過他一方面認定他那假説(hypothèse)的價值,另外一方面,這一類的原理是直接從他所研究底對象裏面抽出來的,並不是從某一種本體論裏面推出來的,並且不急着推到其他的科學裏面。所以物理學裏面,並不怕講萬有引力一類的原理;化學裏面並不怕講物質不滅、原子量一類的原理。物理化學是這樣,道德學也是這樣。不惟要從它外面表示出來的性質指明它,並且要從它裏面本有的性質説明它。我們如果專就外面的性質指明道德的事實,那我們對於社會理想所説底話,差不多全可以應用。那我們想解决舊禮教的問題,止要看舊禮教所附底社會理想,是否適合於現代人的生活,是否適合於現代人的理想。那些我們已經説過,還不是我們所要研究底問題;我們今天所要研究底,是禮教與道德本身的關係問題。所以我們必須就道德裏面本有的性質指明道德才行。

三

我們現在用第二種法子指明我們今天所要説底道德,是要説人類間每個人對於各種理想的各種盡力。

這句話還不十分明白,分條講明如下:

一、道德是人類間的。近代的講動物心理學者雖然看出在高等動物裏面已經有與道德同類的現象,但道德的意識,到人類裏面才逐漸明白,也是一件毫無可疑的事情。這一點驟然看來,好像没有什麽關係,其實頗關重要。因爲ㄆㄉㄚㄊㄡ和ㄚㄦㄧㄙ

ㄊㄡㄊㄝㄌㄝㄙ講意象(Idea),講形式,並没有什麽大錯誤,他們的錯誤就在於他們把人類的事情推之於全體,反過來,極端的機械派學者,又把物理中間的解説推之於人類。他們這種解説,全是預先有一種成見,在宇宙中間某部分的現象裏面考驗相合,就推演其他部分的現象也是那樣。他們所用底方法是玄學的,非科學的。科學看見人類中間全有道德的現象,就設法考求它們因果的關係,變遷的定律,希望將來可以得到一種合理的技術。至於他界中是否有相類的現象,那也要等將來經驗的證明再爲解説,在有經驗以前不加臆測。從另外一方面看,道德是人類中間的現象,我們既不敢臆斷將來没有超人的存在,也就不敢臆斷將來没有超道德的現象。不過我們現在就人類論人類,知道道德是他們中間一件極重要的現象罷了。

二、道德是人類對於理想的盡力。人類的生活可分爲兩部分:第一,生活的自身;第二,關於各種生活的觀念。生活的自身,飢則食,渴則飲,得之則生,不得則死,無所謂善惡,即無所謂道德與不道德。人類在生活以外,對於自己的生活,對於他人的生活,不惟有生活的觀念,並且有應該怎麽樣生活的觀念。這一類應該怎樣的觀念,我們或叫它作理想,其實歐洲文字還是 Idea 一字,並不分别。道德並不問生活不生活的問題,止問怎麽樣生活才好,怎麽樣生活就不好那一類的問題。换句話説,道德裏面的判斷並不是實在的判斷(Le jugement de la réalité),却是價值的判斷(Le jugement de la valeur)。所以道德並不是對於生活的問題,却是對於理想的問題。又人類的性質,從外面看起,頗像有二元的傾向。一方面他的惰性是很大的。這種惰性在心理學裏面就叫作習慣。習慣是什麽樣子,他總想留住是什麽樣子,毫無變更。另外一方面,他對於現實常常有不滿意的傾向。他不惟對於他自身的生活常常不滿足,並且對於社會的生活,與自己生活没有直接關係的事情,也常常作一種評價,常常有一種不滿意的表示。因爲他對於現實生活不滿意,就要捨棄了自己的習慣,向着理想方向走。但是惰性的抵抗力又很大,向善的時候,就是對着未來的生活,與現在的生活奮鬥,就不能不有一番盡力(effort)。不過這種盡力,並不是對於生活自身的盡力,却是對於生活的理想盡力罷了。

三、道德是人類對於各種理想的盡力。理想並不是從天上掉下來的,却是人類自己找出來的。人類對於宇宙的觀念有變化,理想就要跟着它變化;人類對於宇宙的知識有進展,理想也就要跟着它進展。如果把一種理想當作天經地義,一定要阻厄人類的進化。理想最初全是個人的,全是由賢聖的盡力才找出的。因爲賢人聖人及他們的弟子門人的盡力,加上一種社會的要求,積日累月,就成了社會的理想。推行若干時期以後,這種理想同當時的社會生活又不甚適合,就又有些賢聖出來,給從前的理想加上一種重要的修正,就成功一種新理想。各種新理想,因各派人的盡力不同,社會的需要不同,遲之又久,又有一種全戰勝其他各種,又成一種的新社會的理想。再推行若干時以後,這種理想因同當時的社會生活不完全適合,又要被其他的新理想①替代。依此類推,以至無窮。無論何種理想,對於道德全有相當的價值;無

①編者注:"的新理想",原誤作"新理想的"。

論對於何種理想盡力,全屬合於道德的行爲。復次,理想既爲暫時的,非唯一的,所以同時的人全不妨標他所最景仰底爲最高的理想。這些不同的理想,雖實在並不是最高的——因爲並没有最高的——而對於更高的理想,全爲相當的助力,所以表面上雖間有衝突,而實際上並不相妨害。研究美術及文學的人以美爲他們最高的理想,研究科學和哲學的人以真爲他們最高的理想,研究工業和農業的人以致用爲他們最高的理想,其他各派别的人皆以他們所景仰底理想爲最高的理想,名若相反,實以相成。這個時候一定有人懷疑説:"你説無論對於何種理想的盡力全屬合於道德的行爲,可是開倒車的人們也自有他們的理想,難道他們的行爲也是合於道德的行爲?"——當然的。他們既有他們的理想,我們當然不能拒絶他們得道德的名義。所惡於開倒車的人,就是因爲他們假充理想,爲惡現實——或者説爲不完善的現實,其實還是一樣的——爲惡現實作奴隸,達他們那自私自利的目的。如果他們真有理想,他們同具新理想的人作相同的盡力,我們當然不能不給他相同的名義。就專從利害言,他們對於人類是有益的,並不是有害的。設想現在有些迷信君主專制的人,或者終天孜孜不倦,搜求材料,建樹他那君權不可侵犯的學説,或者不顧艱難困苦,想實行他的主張。他們違反民主的趨勢,當然不能有什麽成功。可是他們的影響,儘少還可以使民權的信徒,看出空洞的原則,無論怎麽好,總没有大用處,必須要竭力盡行,才能達到真正的目的。從這樣看起,真正努力守舊的人,可以算作革新的人的一種"防腐劑"。所以真肯對於理想盡力的人,全是有道德的人。

四、道德是人類對於各種理想的各種盡力。人類的心理不是單純的，所以盡力也不是一方面的。人類的感情和理智常常在內邊衝突，是一件最顯著的事情。思想家和道德家常偏重一種的盡力，歸結鬧出來很大的毛病。感情固屬道德的本身，而理智也是道德發生和施行時候的必要條件。專任理智而不致力感情，固有冷酷殘暴的流弊，專尚感情而不盡力啟發理智，也要盲目亂行，雖有"菩薩"的心腸，却可以作出豺狼的行爲。但這兩種心理作用雖然説缺一不可，却可以畸形的發展，並且可以進一步説，它們發展的時候，總有點畸形的。人類的盡力改善，由遺傳性傳之於後人，由教育、感化及他種的方法傳之於並世及後來的人。種業不滅與物理學裏面的能力不滅，頗多相似的點。我們的理想不管是真是善，止要作相當的盡力，在人類中間總要有相當的效果。在道德裏面，惰性是惡，盡力是善。盡力的方面雖不同，而道德上之價值則一。

五、道德是人類間每個人對於各種理想的盡力。道德應該是自主的(autonome)，不應該是他主的(hétéronome)。荒年被迫而散穀，不能算作好義；平人手被執而殺人，又豈能算有死罪了?人不惟受物質的壓迫，也受精神的壓迫。這第二種壓迫雖屬較有彈性，而勢力却更爲偉大。因爲它雖不常直接剥奪人生活的權利，却常間接删除人生活的趣味。人類穿暖吃飽以外，趣味實在占人類生活的大部分。如果一點趣味没有，生活也就很容易離去。受物質壓迫所作底行爲，固然不負道德上的責任，受精神壓迫所行底事迹，又豈有道德上的價值？道德略可比渡水時候的游泳力。坐很堅固的船，被人家撑住過去，固然不能算作有游泳力；就是當風平浪静、沙石清淺的時候，攝衣而渡，也是人人皆能，并不需有什麽特别的游泳本領。當社會理想統一的時候,不惟對於理想有相當理解的人,可以平穩地進行,而對於理想絶無觀念的人,也可以"亦步亦趨",不憂傾跌。可是這一班俯仰隨人的"傀儡",在平時雖能彬彬秩秩,若於道德無大違謬,而一遇理想紛歧的時候,一定要茫無持循,盡喪所守。皮相的論世人,看見他們漫無遵守的情形,就要致慨於江河的日下,其實他們素常就是因人成事,又何常有道德的能力? 道德必須是個人主動的。至於受動的情形,雖在行爲上,於道德無大違犯,而對於道德的自身,却没有很大的關係。所以必須每個人自己去努力才能算作道德。

人類起初由於各個人對於理想的盡力,以後由於身體上的遺傳,精神上的遺傳——教育、感化及其他——傳達於後來的人。所以這種努力不止是個人的獲得,却是人類全體的獲得。歸結人類的道德是日進的。

這樣的説法,一定要有些人覺得太偏狹,因爲這樣就要把我們素常所説底關於道德的事實的大部分,擯諸道德之外。我們也很知道那些事實是與道德有關的。但是他們不過是關於道德的事實(les faits moraux),並不是道德的自身(la morale)。道德自身爲人類進化的真正動因,至於關於道德的事實,却還没有這樣的能力,所以現在我們止説狹義的一部分。——另外或者有人覺得這樣説,太偏重動機,忽略行爲。這實在是一種誤會。因爲我們不限定某種盡力,却説到各種盡力,並且特别指明知識的重要,就是感覺到行爲非常有關係的緣故。——還有些人要説這是發展到若干程度以後的道德,至於道德的導源並不見得如是。這些話我們也贊成。但是講植物的人不是要從枝柯繁榮以後去研究它麽?因爲到這個時候,他的性質才完全,才顯著。不從完全的、顯著的時候去研究它,却專從含混不明的狀態去研究它,能算治學的好方法麽?並且我們覺得在道德導源的時候,這樣的性質雖還未見得完全顯著,而性質却仍是如此。所以我們這樣給它下定義,並不覺得有什麽武斷的地方。

四

我們現在明白了禮和道德的各别性質,就可以談它們兩個的關係了。

我們從前講過:禮就是附於社會理想的行爲的軌則(社會科學季刊第一卷第一號一二九頁)。我們現在的意見雖完全没有變化,但還須要補足幾句話。

禮因爲是附於社會理想的行爲的軌則,所以古人用的時候意思頗爲含混。有些是專指軌則的,有些却是專指社會理想的,有些又把範圍放大,包括社會裏面一切制度而言的。

比方説:白虎通禮樂所説"禮之爲言履也",漢書公孫宏傳所説"禮者所履也",淮南齊俗所説"禮者體情制文者也",這全是偏指行爲軌則一方面説的。並且這種用法很普遍。至於小戴禮樂記中所説"禮者天地之序也",及"禮也者理之不可易者也",則偏指社會理想。古人還没有明白進化的道理,没有看出社會理想與個人理想的分别,總以爲理想是天地間全體永久不易的道理,所以不惟把禮當人之序,却把它當作"天地之序"。至於孔子答顔淵的"克己復禮爲仁",也是兼指理想,所以説"一日克己復禮,天下歸仁焉"。禮爲行爲的軌則,古代政教不分,故軌則與國家的制度有密切的關①係。所謂周禮即假定的周朝一代之典章制度。孔子所説"能言"之"夏禮""殷禮",也就是指這兩代的制度。禮運上説"禮者,君之大柄也",國語晋語上説"夫禮國之紀也",那一類的話,全是指典章制度的。因爲禮的含義那樣的豐富——换句話説,就是用詞的不清析——所以禮的意思有時候就同道德的本體相混起來。

可是雖然如此,普通所説底禮,總是偏指行爲的軌則而言,並且這些軌則,總是屬於社會理想的。個人有特别的理想而對之努力的時候,雖也有自己遵守的軌則,但平常所説底禮,並不包括這一部分。比方説,李贄也是孤高自賞的人,可是大家總覺得他與禮教有衝突,也就是因爲他對於社會的信仰太不留神了。

道德爲個人對於各種理想的盡力,而禮却爲屬於社會理想的行爲的軌則,道德與禮的關係,大體已經可以明了。因爲理想是一個極抽象的東西,想使人向它盡力,必須先給一種具體的東西,他才有下手的法子。也就像教游泳的人,必須先使學的人習練應作底動作一樣。不先習練應作底動作,就隨便去下水,很容易有沈没的危險;不習行爲的軌則,就去向理想盡力,也很容易出漫無遵循的毛病。可是動作雖然習練好,還不能就算有游泳的能力;因爲水裏面的情形,千變萬化,專恃那一點很簡單的動作,一定有很多的情形,没有法子應付;必須要身體裏面,有很充足的氣力,對於外面的水性,有豐富的知識,而又加之以充分的練習,然後可

①編者注:"關",原誤作"密",據文意改,或爲"聯"。

以隨機應便,暢行無阻。禮儀嫻熟,並不能就算有道德;石頭記裏面的賈珍、賈璉,如果專從外面看,何嘗不是彬彬有禮,但是他們裏面,一點向善的意志全沒有,然則他們對於道德又能發生什麽關係了?想對於道德盡力,必先有向善的堅强的意志,並且對於理想本身有充分的理解,對於外面的世故人情及周圍的一切,有相當的知識,然後可以不失禮意,日新其德。否則"沐猴而冠",雖有時矯揉造作,可以使之"周中規,旋中矩",而終與理想無干,就是與道德無干了。

再進一步説:道德是我們對於理想的盡力,是一種内心的活動;從禮下手,却是從外入内的。括總説,不出程頤所説"制乎外所以養其中"的道理。但是"制乎外"自是制乎外,"養其中"自是養其中。制乎外,比方説,多穿點衣服使風寒不内入;養其中,是把氣力養足,雖有寒暑的侵襲,也不怕它。當身體很弱的時候,多穿衣服,使風寒不内侵,自然很好,但永久是這樣,總不是一個常法。必須習練習練體操,練練拳術,使身體可以習勞耐苦,才算是衛生的善法。在道德一方面,情形也是一樣:起初"非禮勿視,非禮勿聽",自然也能有一部分的好處。但是社會的情形,非常繁賾,能容你勿視勿聽麽?如果中無所主,專意閉聰塞明,作消極的功夫,就能算善法麽?這個時候,重禮教的先生們一定説:我們不惟作勿視勿聽的消極功夫,並且要作"由禮"的積極功夫。那我們就要問他們説:比如浮水,諸位所留神底,不過是動作的軌則,一旦遇見少有變化的情形,那還有精神去應付它了?"始而勉然,終而自然",不過養成機械的死動作。行動有軌則,固然可以增加動作的效能;太偏重軌則,又要消失行動的能力。所以我總覺得孔二先生所説底“克己復禮”，所説底“出門如見大賓，使民如承大祭”，終不如他所説底“己所不欲，勿施於人”的切實。因爲前面所説，總是對於道德間接的助力；對於道德本身，却總没有真切的關係。至於後面所説，才真是入德的切實門徑[①]。

這上面是從禮教自身説它的流弊。至於道德是對於各種理想的盡力，而禮教却專爲社會理想的工具。當社會理想要變化的時候，禮教爲阻抑個人理想的重要障礙，那前次説得够明白，兹不再贅。

①編者注:“徑”,原誤作“經”。

章士釗的氣概果能使用到末日才完麼?[①]

吴稚暉先生説:“章士釗那種‘天變不足畏,人言不足恤’的氣概,我們祝他使用到末日才完,也成全了他的後半世,不忍再看他的反復。”(見本刊上期吴先生所作底一鼻孔的人有兩張嘴)這樣不忍“再看”“反復”的心思,我個人也有同感。我個人素常對於愚忠不變的人們,比方説升允之流,雖然説在主張上,可以極端反對,而對於他的人格,總有相當的敬服。我並且很固執地相信真有這樣努力守舊的人,總是革新的人的一種防腐劑。但是章士釗可是什麽東西ㄋㄧ?

章士釗在甲寅第一號内答蔡孑民先生的信上説:“禁止游行,事前原有警廳通知,請爲轉知各校,但本部並未照辦。報載轉知一文,乃屬黠者僞造,並非事實。”以後又屢次聲明,説一定没有這件事,廢話很多,我們也不必遍舉。當時我們看見這些

①編者注:本文原刊猛進 1925 年 10 月 16 日第 33 期“時事短評”,署名虚生。

話，非常詫異，就趕緊到學校去查，查得教育部來的公文，大約如下：

教育部訓令第一一五號：

令國立北京大學

案准京師警察廳公函，内開：據探報：五一、五四、五七等日，本京各校學生，擬擇地集衆露天講演，並結隊游行，散放傳單等語。查京師治安，關係重要。……應請預爲防範，嚴加禁止，以維秩序而保公安，等因，到部，合亟令行該校，仰即遵照辦理，是爲至要，此令。

中華民國　十四年四月三十日

暫行兼署教育總長章士釗

教育部訓令第一一五號上的章士釗，不曉得是否甲寅上的章士釗。如果已經不是那個章士釗，也就罷了；如果還是那個章士釗，那麽"合亟令行該校，仰即遵照辦理"，是否與"本部並未照辦"有同樣的意思？四月三十與七月十八（甲寅第一號出版期）相隔幾天，就有這樣大的變化？吴先生説一鼻孔的人有兩張嘴，那雖是一鼻孔的人，却究竟是兩個人，他們有兩張嘴，並不足怪。現在四月三十日的章士釗同七月十八日的章士釗，也居然有兩張嘴，豈不更可詫異？希望這樣的人不反復，豈不同希望妓女守貞節有同樣的困難？章士釗何嘗是復什麽古，衛什麽道；不過段祺瑞既作執政，他就不得不"體中用西""雍容揄揚"，去騙飯吃罷了。如果有列寧坐了中國的執政，還怕他不赤其冠而馬克斯其神麽？所以吴先生的忠厚待人，我雖然不敢菲薄，但是我據既往，推將來,勸吴先生不要太存奢望,免得將來又看見章先生的搖身一變,又要大失所望ㄅㄚ。

對於此次戰爭我們所應該知道底事和應該守底態度[1]

這一次江浙戰爭,將來要由一隅而引動全局,大約已經不成問題。這次的内亂,雖然不在我們意料之外,却總要使人民受巨大的損失,總算一種大不幸的事情。人民没有抵抗的能力,雖然要受巨大的損失,終究没有法子去制止他們,那還有什麽話説?有特别利害關係,或雖是無利害關係而感情偏於某方的人,總是希望某方的勝利和對方的失敗,以爲某方一勝,大局就有解决的希望。我們處於純粹民衆的地位,精心觀察,殊不能跟着大家作盲目的希望。軍閥雖然含混説起,差不多全是一丘之貉,而詳細分析,終有彼善於此的地方,這些話我們全承認。我國人雖説没有積極抵抗的勢力,而消極上却有一點掣肘的本領,所以每次戰争,總是爲輿論所偏向者勝,爲輿論所指摘者敗;平民臭味重者

①編者注:本文原刊猛進 1925 年 10 月 23 日第 34 期“時事短評”,署名虚生。

勝,與平民隔絶甚者敗。據已往,推將來,這一次的勝敗,大約還出不了這個圈子:這些話也是我們所承認底。但是,無論如何,我們總要知道,軍閥無論怎麽樣帶平民臭味,總是一個軍閥。人民如果不自樹立,就是最好,也不過鬧出來一種接近平民的軍閥專制。這種專制,無論怎麽樣,總不是我們所希望的。所以我們人民對於此次戰爭,雖説不能不聞不問,却不可因此忘了我們的本務。我們的本務,第一就是對於思想界開倒車的反抗,第二①就是對於真正平民的盡力。這一點是我們急應該知道的事情。

我們曾經説過:軍閥總也有彼善於此的地方。走五十步者固然不可以笑百步,但當我們衡量利害的時候,對於走五十步和百步的人,却未可一例而同視。真作政治生活的人——不是曹錕和段祺瑞的猪仔,自不待言——和我們這些空發議論的人,全要衡量事理以定助否。袖手旁觀,是一種卑劣的表示,不是我們所應取底態度。然則衡量事理以什麽爲標準ㄋㄧ?——以事爲標準,不以人爲標準。凡有壓迫愛國運動,種賣鴉片,無度地招收軍隊者,無論何方,皆所排斥。如無此類行爲,或爲惡較少者,或可暫時妥協,或可暫緩排斥。注意民意者就是我們的朋友,反抗民意者就是我們的仇人。這就是我們所應守底態度。

①編者注:"二",原誤作"一",據文意改。

卑　經①

我們從前主張用全力反抗章士釗的開倒車,還有不少的人覺得我們的主張太過,覺得章士釗還能作一點好事情。可是現在章士釗的"圖窮而匕首見"了;什麼小學讀經ㄌㄚ,什麼小學課本用國文ㄌㄚ,全來了。在中華民國十四年,竟有這樣荒謬絶倫的主張,如果我們也掉一句臭文,可以說:"真堪令人髮指。"在外國文科大學廢除拉丁文爲必要科目的時候——廢除拉丁文爲必要科目,在我國來講,就是文科大學畢業生不需要懂得文言——而我國教育當局竟有這樣黑暗時代的主張,是不是要説我國幾千年的教育戕賊青年還没有戕賊好,現在更需要再加上一重鎖鏈? 這幾天大家的視綫,全移轉於張作霖、孫傳芳的泥中鬥獸,對於這樣重大的問題,反倒很少的人注意! 實則他們的鬥獸,儘多不過殺害若干的人民,至於章賊士釗的主張,如果實行,就要戕賊全國無量

①編者注:本文原刊猛進 1925 年 11 月 13 日第 37 期"時事短評",署名虚生。

數的青年！並且我們總要明白:章士釗不過更凶横一點罷了,實在這種主張,是很多荒謬的人的主張,我們如果不把它當作一回事,嚴氣正性地去盡力撲滅它,就是章士釗滚了蛋,它還時時有勃發之虞,所以我們千萬不可輕視這件事情。

黎劭西先生在反對讀經科和中學廢止國語的呈文(見第二十二期國語周刊及各報)裏面,把章賊士釗荒謬的意見駁的很痛快。但是黎先生終究因爲在教育部有一點小事情,説話總不免有一點"枉尺直尋"的地方。我尤其反對的,就是黎先生所説底"經固當尊,惟經之名必不可存"。經名的廢除,是天然的道理。但是經是什麽東西ㄋㄧ?爲什麽當尊！無論怎麽樣説,所謂經,也不過是中國古代歷史的一部分史料。中國古代歷史的全部分史料,應該包括地上地下,古人有意識的和無意識的一切遺留品,專靠這幾本破爛的官書是不够的。經爲中國古代歷史的一部分史料,中國古代歷史爲中國史的一部分,中國史爲歷史學的一部分,歷史學爲科學中的一部分:這已經可以看出經在學術裏面所應該占的地位了。再進一步説,中國這幾千年,因爲學術太偏重致用,太偏重人生,成天在破紙裏面打圈子,除了寫幾部史料外——雖然説,一直到現在,還没有一部真正的歷史——幾乎没有另外的東西。我們現在想要學術修明,應該把在大部分的精力用到自然界上面:一方面對於純理的科學,如數學、論理學、力學之類竭力鑽研,另外一方面,對於宇宙間一切的理象,竭力去觀察。其次對於實用的科學,如機械學、醫學之類盡力研究以利濟民生。歷史學雖然重要,但其重要在上列兩種科學之下,我們止應有一小部分的人去研究。研究歷史的時候,世界歷史同本國歷史有同樣的重要。本國歷史則近代歷史因離我們較近,利害較切,應該特別地研究,把舊日尊古卑今的謬見完全破除。讀明清兩代歷史的人應該比史記、前後漢書、三國志的人多出幾倍,至於讀經的人更應該少,自不必説了。從這樣説,經在學術裏面,應該占最下的階級,自不待言。總而言之,我們如果去研究經,是要知道過去是什麼樣子,絶不是要知道將來我們應該作什麼。至於買空賣空賠錢後因摟錢而上臺的教育長官是否應該驅逐,更用不着問什麼經!所以我們反對黎先生的話,特標我們的宗旨曰卑經。

將來是我們的![①]

我們因爲作關税自主運動,已經流第二次血了。有人説:“政府的人怎麽樣糊塗!讓他們出來隨便喊幾句‘關税自主’‘打倒帝國主義’,演幾句説,不就完了事麽?他們還能够怎麽樣?現在庸人自擾,横加摧殘,反倒要激出來事了。”這些話固然不能説毫無理由,然而根本上是錯誤的。因爲現在政府,無論在什麽時候,全是夢想得着二·五或二·五以上的附加税,苟延他們的殘喘;人民方面,根本上就是希望關税自主,反對任何妥協的增税。政府所認爲惟一的救命靈丹——當然是段祺瑞和他那些狐群狗黨的命,又何待説——附加税,快要被群衆鬧掉,他們急則反噬,恃他們的暴力,來摧殘我們,屠殺我們,從他們的觀察點看起,自然是最邏輯不過的事情,又有什麽奇怪!再進一步説,我國人民的潛勢力在真正的民衆;可是他們因爲没有知識,不能團結起

①編者注:本文原刊猛進1925年11月27日第39期“時事短評”,署名虚生。

來，就忍氣吞聲，一任萬惡的軍閥、媚外的政府的掠奪殺戮；如果這樣的軍閥政府，任我們這些赤手空拳的人們，隨便向民衆表示講演，一次不成兩次，兩次不成十次百次，“强聒不舍”，民衆總有覺悟的一天。到那個時候，那些禍國殃民的軍閥官僚，那還有他們容身的餘地？從這樣看起，我們這些次的運動，簡直是同他們争民衆；這一類的道理，他們雖未見得真正明白，然而總也覺得着一點危險。在這樣你死我活的關頭，他們摧殘我們，自然是千應該、萬應該了！轉過來，從我們一方面看起，我們固然流兩次血了。但是流這一點點的血，又算什麽事情！你試把法國大革命、俄國大革命的歷史掀開看看，那一頁不是鮮紅的濃血染成的！我們這一點點的血，比起他們來，能看得見麽！並且我們自己的血泪是有價值的，是不能無報酬的。我們一滴滴的泪，要引起人家對於我們的理想的明白；我們一點點的血，要引起大家對於我們的信仰的崇拜。暴力雖然在他們手裏，公理却在我們這邊。暴力雖然可壓迫着一時，公理却是一個槍擊不死、壓迫不服的怪物。同志們！向前！向前！奮鬥！奮鬥！過去是他們的！將來却一定是我們的！

政府還不把日本公使送出境外ㄇㄛ?①

日本實行出兵,幫助張作霖,打倒郭松齡,現在證據確鑿,絶無疑義。日本果何愛於張作霖?不過因爲他能够供他們的傀儡,攫奪我國的利權罷了。乘鄰國的内亂,出兵袒助一方,在國際法上,實在是一種宣戰的行爲。日本既已對我宣戰,而我國民所大聲疾呼者,不過仍是什麽嚴重抗議的空文,豈全國人民全患了怯懦病麽?一方面出兵宣戰,一方面使臣僑民仍安居於中國,實行其偵探之技倆,不知道世界那一國還有同樣的現象?我們更不明白,我國人民不敢哄出去他們的公使,圈禁他們的僑民,是怕的什麽?怕他們出兵麽?但是他們已經出兵,並不因爲我們怕了,就暫緩一時。非洲的駝鳥,當獵人把它追緊的時候,它就把頭往沙裹一鑽,以爲可以不見不聞。難道説我國人民全要學駝鳥的故智麽?哄出去他們的公使,圈禁起來他們的僑民,他們出兵不過還

①編者注:本文原刊猛進 1926 年 1 月 8 日第 44 期“時事短評”,署名虚生。

是出兵，所差異底，不過是少了這一班明目張膽的偵探。日本報紙開口就是十七萬同胞的死生問題，難道我國東三省數千萬同胞的死生問題就能置之腦後！如果日本能假借十七萬僑民的死生問題，來占領我們的東三省，而我國反將東三省幾千萬同胞的生命，坐視不理，那也止好等着人家宰割了！！！

再論組織國民法庭審判要犯[①]

我們前些時(本刊第四十期)對於現在的時局有幾種重要的主張,内中有組織國民法庭,審判善後大借款、洪憲、復辟、參戰借款、賄選、金佛郎各犯一條。近來時局仍形混沌,不曉得將來要變到什麽地方去。可是我們覺得時局無論怎麽樣變换,或是仍舊亂鬧,或是能漸漸轉過來向正軌上走去,它主要的樞紐,却全在審判要犯這一件事情能實行與否。爲什麽ㄋ丨? 第一,因爲中華民國成立十四年來,天字第一號的主要亂源,就在於無法律。我們所説底無法律,並不是説没有什麽參議院,什麽衆議院,要講什麽狗屁不值的法統。他們那些猪仔自己把法律破壞掉,現在還厚着臉在那裏講法統,真是臭不可聞! 我們所説底無法律,是説在舞臺上的人們,納賄摸金,漫無制裁,一旦樹倒猢猻散,就往租界裏面一跑,享他們富家翁的生活。時局少有變遷,他們又大吹大擂,恢

①編者注:本文原刊猛進 1926 年 1 月 8 日第 44 期"時事短評",署名徐炳昶。

復他們白晝[1]摸金的生活。這樣的政象不變,中華民國的招牌,就使掛起一萬年,也不能有什麼一點進步。第二,從另外一方面看起,因爲納賄摸金的衆多,在這種渾水湯兒裏面,即是有三兩個潔身自好的人們,也鬧的百口辨不清。現在就是有人想登臺替國家真正作一點事情,大家也總是以惡意相揣度,歸結什麼事情也作不出去。所以想以後國家的政治能够進行,也不得不趕緊將從前可疑的要案算一次總結賬。因爲有這兩個重要的緣故,所以我們再鄭重地提出,希望全國人民集合起來,合力主張,督催着當局,使他不得不辦。國民法庭應取絶對公開的形式,檢察長應該用一位極嚴厲的民黨,一點不留情地檢舉。這個時候,我很希望全國最有名的律師自動地出來替他們竭力辯護。——遇着一件頂棘手的、頂難辯護的案子,律師長自動地自行出馬替他辯護,是各國通行的例子。至於群衆方面,則需要明白律師制度是爲保障人權而設。爲什麼人辯護,與什麼人同黨,是兩件完全没有關係的事情。審判長則需要一位思想遠大的、勇決的、仁厚的民黨充任。罪人逃避,即當缺席判决。這樣一來,事實大明,從前犯罪的人不能再來蒙混大家;後來中材的人,也得有所儆戒,那政治才有轉機的希望。我們也知道當局如果這樣作,開頭一定引起來各方面激烈的反對——他們的反對,正足以證明這件事情的刻不容緩——他們的地位是極艱困的。但是我們人民拿出來租稅養活這一班總理總長,是讓他們替我們辦事的,還是讓他們騙飯吃了!?如果專讓他們騙

---

①編者注:“晝”,原誤作“晝”。

飯吃,那也就罷了;如果不然,那對於政治轉換的主要樞紐,就不能不趕緊去力争ㄧㄚ。

對於郭松齡的感想[①]

現在郭松齡大約死了,專知道個人,不曉得社會的僞道德家,一定又在那裏説長道短,什麽"君子交絶不出惡聲"ㄌㄚ,什麽張作霖該倒,但非郭松齡所能倒ㄌㄚ,種種淺薄的話,纏繞個不清。實在這件事的主要論點,就在於張作霖的應倒不應倒,其餘一切全是支詞。你説:郭松齡從前的出處有可議的地方,但是那一派的道德,不許人家懺悔?你説:郭松齡的倒張,也不過是爲私利,未見得是爲國爲民,但是這樣逆詐億不信的苛論,除了阻人爲善的路外,没有另外的用處。實在普通人的作事,開頭總是公私的分子全有一部分。以後決絶地從那一條路上去走,總是環境作成,他開始的動機未見得是如此的。古來許多的名臣,未見得全是忠誠不二的人,很有一大部分爲環境所養成。設想郭松齡能把張作霖哄掉,得到東三省的政權;再設想中國政治,漸進軌道,日

①編者注:本文原刊猛進1926年1月8日第44期"時事短評",署名虚生。

臻修明,却一口斷定郭松齡一定要媚外喪權,如張作霖現在之所爲,我想無論人,止要少思想一下,總可以知道這樣的話太説不下去ㄉㄚ。如果不能斷定他將來一定媚外喪權,爲什麽又來責人過甚,阻人作善的心,長凶頑的毒焰ㄋㄧ?因爲這個緣故,所以我們對於郭松齡的倒張,表相當的敬意,對於他的死,表相當的哀悼。

民國十四年的回顧[①]

現在民國十四[②]年完了，十五年已經開始了。這民國第十四年裏面，内亂不息，土匪遍地，同胞死於兵火飢餓者不知凡幾！還有什麽話説，但是從另外一方面看，人民活動的能力漸漸增加，群衆運動的偉大，與惡勢力鏖戰的劇烈，也實在是空前的。在報紙定期刊物裏面，不管安福系、交通系、政學系、研究系、國民黨右派、國民黨左派，以及無黨派的人們，全是興高采烈，加入戰團。不管他們是爲私的，爲公的，向前進的，開倒車的，然而他們全是鼓勇的作。由大體看起，在這樣死氣沈沈的中國，總算還有一綫的生機。希望十五年中，戰綫增長，戰員加多，各派的人士全明張旗鼓地作；開倒車的人就竭力的向後開，望着前途有光明的人就勇猛地向前走；願捧段祺瑞、章士釗的人們就明目張膽地捧，信仰共産論的人們就不顧死生地去宣傳赤化；這樣的作，前途才有光

①編者注：本文原刊猛進 1926 年 1 月 8 日第 44 期"時事短評"，署名徐炳昶。

②編者注："四"，原脱，據前後文補。

明的希望。將來的秩序就要從這些紛亂奮鬥的生活裏面產生出來,又有什麼可悲觀的。

問言法統者[①]

近幾天，臭不可聞的法統説又甚囂塵上，真令人氣咽欲死。我止要問談法統的人一句話，就是：你們所説底法統，是先有統而後附會之以法ㄋㄧ？或是先有法而後纔能説到統ㄋㄧ？如果先有統而後附會之以法，那就應該去找二帝三王的正"統"，儘少也得去找什麽宣"統"，止要把統建樹起來，自不怕没有什麽專爲現成勢力作走狗的法律替它辯護。如果不然，必須先有法而後才能談到統，那我就再要問一句：穢德彰聞，舉國皆知的賄選案，是否危及根本的大法？不先用法律把這些凶穢袚除掉，我們又用什麽去建立統？所以我們還是那一句老話：如果不先開國民法庭審判禍國殃民的要犯，則既無所謂法，更談不到什麽統。厚臉談法統的人，其知之否？

①編者注：本文原刊猛進 1926 年 1 月 15 日第 45 期"時事短評"，署名徐炳昶。

這還算有是非之心ㄇㄛ?[①]

近來很有一班人,如果你告訴他説張作霖爲日本的走狗,他一點也不遲疑回答你説:蔣介石也是俄國的機械;你告訴他説安格聯可惡,他就立時回答你説鮑羅廷更混賬;你告訴他説張作霖怎麽樣壞,他就馬上對你説馮玉祥是一樣的或更壞。這樣的人並且很多! 但是他們這些話端底是怎麽樣講ㄏㄧ? 俄國的外交政策,有些不滿人意的地方,我們也時常感覺到;馮玉祥離我們理想的軍人還遠,我們也完全承認;近來有些人對於蔣介石,或馮玉祥,或俄國,有過當的迷信,對於這樣迷信,應該加以適當的矯正,我們也有時候感覺到必要。但是這一類皂白全無,或者可以説故意淆亂黑白的議論,端的是怎麽樣講ㄏㄧ? 廣東的事情,我們雖然離的遠,不很明了,但是前幾天鮑羅廷因被人攻擊,自行辭職,後又被國民政府挽留,北京兩方面的報紙全載有這樣新聞,想來是

①編者注:本文原刊猛進1926年2月5日第48期"時事短評",署名虛生。"ㄇㄛ",原誤作"ㄩㄛ",據本期目録及後文改。

靠得住的。你想罪大惡極的安格聯能這樣ㄇㄛ？你就想哄掉他，恐怕還不很容易，遑言自行辭職？安格聯本屬中華民國的一雇員，乃竟於條約給他的職權以外，胡作非爲，聯結宵小張嘉璈等，操縱公債，爲在北京居住者無人不知的事實。可是我每天看善於造謠的晨報，就是據它所説，廣東的俄國人，似乎還没有這一類的事情。"赤色的帝國主義"，就是真正在那裏動作，也要比根深柢固的白色的帝國主義可怕的程度還差的遠，也是一班有健康意識的人所萬不能不承認的事實。馮玉祥軍紀修明，軍中自聯排長以上，無不通曉三民主義的大意，難道説這樣的人就能同治東三省多年而仍土匪遍地，日暮途窮，甘心作日本走狗的張作霖一概並論！你要説馮玉祥沽名釣譽，僞作君子，但是我們很奇怪其他的軍閥爲什麽不也跟着他沽名釣譽？漢朝有一個張湛説得好："僞善不猶愈於真惡乎？"我素常最恨"五十步不能笑百步"的荒謬講法，因爲在這一個世界裏面，極端的好人實在止是一個理想，極端的惡人也是曠代而不一遇的；其餘一切的人全是五十步百步之比。不惟五十步與百步是相差的很遠，就是九十九步同百步，也仍是不可同例以視。如其不然，就是從好一方面講，也是嫉惡過甚，止足以阻中人爲善的心，長小人隨非的路，何况壞人還可借詞以混淆黑白ㄏㄧ？如果拿蔣介石、馮玉祥同張作霖，安格聯同鮑羅廷，俄國人與英日人相提並論，那還算有是非之心ㄇㄛ？

是否應該打倒帝國主義?[①]

打倒帝國主義的口號,一年以來,已經瀰漫了全國。於是乎有些憂深思遠的(?)人們,大害其怕,以爲帝國主義在我國根深柢固,豈是聚幾個人,打幾竿旗,隨便喊幾句口號就可以打倒?並且在我國有勢力的列强,利害相關,我們打起打倒帝國主義的旗幟,迫脅他們,使他們不得不"協以謀我",我國在這種情形之下,異常不利;所以現在寧可説打倒日本帝國主義,或英國帝國主義,或英日帝國主義,却不可不拋棄打倒帝國主義的普遍口號。用這樣的口號,實在是孫中山先生上了俄國人的當……——像這樣似是而非的言論,我近來不曉得聽過多少次,摇惑人心的勢力也很偉大,所以我們今天不得不對於它説兩句話。帝國主義之未可以空言打倒,我們也很承認。但是,如果我們對於世界大勢少挣開眼看一看,就可以知道帝國主義現在已經到了末運,儘少説,它正

①編者注:本文原刊猛進 1926 年 2 月 19 日第 49 期"時事短評",署名虚生。

陷於一種危機(une crise)。世界大戰,日本地震,瘡痍未平,元氣未復,我們可以絶無猶疑地斷言:無論何國,在十年或二十年裏面,不能有再引起世界大戰的勇氣。所以現在的帝國主義,雖説仍是張牙舞爪,却成了一種極有彈性的東西:你害怕它,它就非常地利害;你如果不怕它,它又要軟下去。它們連結起來,壓迫俄國,俄國不怕它們,它們一點没有法子;土耳其、阿富汗起來抵抗它們,它們也止好讓步;就是摩洛哥、叙里亞抵抗它們,它們也不見得有辦法。即以我們中國而論,廣東國民政府對於香港的問題,一點不肯讓步,他們英國又何嘗有什麽法子? 止要我們中國人不患怯懦症,竭力地對抗它,我敢預料它除掉咒駡我們是赤化,是亂黨,簧鼓着張作霖、吴佩孚、張宗昌、李景林一輩的人,作他們的走狗,同我們搗亂以外,並没有什麽另外的高着。並且再進一步説一句老實話:帝國主義在中國的代表,就是英國,就是日本。其他各國並没有什麽重要。因爲,法國在歐洲大陸的帝國主義,滿許比其他各國更可惡,可是在亞洲,它却是鞭長莫及;至於美國,則富力甲天下,它不仗恃政治力的幫助,專就它的經濟力,已經可以戰勝一切。這樣的壓迫,也許不亞於其他的壓迫;但是,就我們中國的現勢而言,能使它們不拿政治力干涉經濟的事項,已經有翻身的餘地。我們要求取消不平等條約,對於美國,並没有什麽損傷,美國也一定不會盡死力同我們争。所以中國今日,止要不患怯懦症,不鬧義和拳——頭一種是普遍的症候①!! 第二種又何嘗能有!!! ——除了英國、日本,萬萬不會協以謀我。至

①編者注:“候”,原誤作“侯”。

於英日,如果不盡死力去抵抗它們,除了束身待斃,又有什麽另外的好法子！老實説起,它們本是銀様蠟槍頭,並無奈我們何。可是,如果我們終天見神見鬼的怕它們,那就止好任它們的吞噬了!我國人民如果牢守着"讓你吃"主義,那就止好坐待魚肉,也不必談什麽打倒帝國主義,如其不然,還有一點生活的欲望,那對於帝國主義的態度,還能有一點疑惑ㄇㄛ？ㄞ!

我們怎麼樣應付這樣的時局广丨?①

近日的時局,混沌沈悶,令人鬱抑。但是實在説起,這些全是蜕變時代必有的現象,並没有什麽要緊。如果,在這樣混亂的時局裏面,我們失掉羅盤,不辨方向,固然要大糟而特糟;如果我們能抱定我們的指南針,照着我們固有的方向,竭力進行,那目的地終有達到的一天。在這個時候,我們必須要認清的有兩件事! 第一,武力同民衆結合,固然是可希望的一件事;最近革命的成功,大約一定要走一條路,這全是我們所承認底。但是我們總要看清,萬不可留一點幻覺的,就是現在無論那一個軍人——老實説,廣東離我們太遠,蔣介石端底如何,我們還不能知道——離我們理想中的軍人相差的還遠。武力同民衆結合的機會,還没有到。我們應□□②力作我們的工作,對於武人,萬不可存什麽奢望。如其不然,將來一定會大失所望的。第二,我國今日固然内亂頻

①編者注:本文原刊猛進1926年2月19日第49期"時事短評",署名虚生。

②編者注:原稿此二字不清。

仍,民不聊生,但是每一次内亂的結果,全是較接近平民者勝,違反民意者敗;較新者勝,較舊者敗;並且經過一次内亂,民力也一次增長:這也全是不可否認的事實。我們既認清這些事實,就應該趁着這個事機,竭力開民衆的知識,向民間作宣傳。民智增高,民力增加,不求與武力結合,武力自有不能不同他結合的形勢。事會一到,革命自易成功。如其不然,單去袖手旁觀,或日夜希望軍閥的贊助革命,則不惟希望現在的軍閥,全是望梅止渴,就是遇着一位極有希望的軍人也是民智不開,無從着手。然則希望革命的成功,還能有第二條路ㄇㄛ?

對於税務司封鎖廣州港口的幾句話①

英帝國主義者因爲我國人民熱烈的反對，香港即將變爲荒島，遂不惜揭破他們那和平正誼的面皮，悍然封鎖我們的廣州港口!!! 這樣離奇的事情，雖然説在我們意料之外，也可以説在意料之中。因爲帝國主義者在失敗以前，總還要有很多的花樣。將來有比這些更離奇的事情，也並不算什麼奇怪！如果你問我：英國是否應該那樣壓迫我們？我可以回答你説：那並没有一定；如果我們對於這樣大的污辱，甘心忍受，一點不想抵抗，或是不敢抵抗，那英國的政策，就是千該萬該，絶當地正當；如果我國人民還有點求生活的意志，不甘受人魚肉，發憤來抵抗他們，那他們的政策，就是强暴的，不合正誼的，應該失敗的。那個時候，不惟我國來反抗他，世界各國全要來譴責他；不惟世界各國來譴責他，就是他自國的工黨和其他的反對黨也會來反對他；不惟如是，真到那

①編者注：本文原刊猛進 1926 年 2 月 26 日第 50 期“時事短評”，署名虚生。

個時候,就是他本黨的人也會來攻擊他。他們政策的對不對,不在於政策的自身,却完全在於我們有反抗的意志和反抗的毅力没有。我還記得當俄國革命成功的時候,巴黎保守黨的報紙 *Le Temps* 的駐俄記者 Charles Rivet 著論責備他們的外交家,説他們從前,專注意於柄政諸公的意志,太不留神於民衆的感情,所以歸結就不免大吃其虧。所以我想,如果我國人民對於這樣駭人聽聞的事情能堅决地反抗,什麼犧牲全不怕地反抗,英國的保守黨中不久也會有同 Charles Rivet 同類的議論發出;如其不然,頑鈍無耻,任人宰割,就是那些號稱主持正誼的工黨也會來毫無猶疑地壓迫我們。然則我國人民將何去何從广丨？ 丏！

老生常談[①]

一

我們人類裏面大部分人的生活是完全機械的,其餘一小部分的人生活,也有一大部分是機械的。機械在人生的表現就是習慣。心理現象的習慣律同物理現象的惰性律完全是一類的東西。不過習慣對於心理現象還有極小一部分,不能完全支配。可是我們每一次想改革社會的一件惡習慣,就可以覺到習慣律的偉大;每一次想改革自己的一件惡習慣,也可以覺到習慣律的勢力。因爲我們對於習慣的勢力没有計算,就對於自己,對於社會,常常作不少的空想。其實我們通常所説底改革,絶不是簡單地從這個情

①編者注:本文連載於猛進 1925 年 3 月 6 日第 1 期、3 月 13 日第 2 期、4 月 3 日第 5 期、5 月 29 日第 13 期、7 月 24 日第 21 期、8 月 7 日第 23 期,1926 年 1 月 22 日第 46 期、1 月 29 日第 47 期、2 月 26 日第 50 期,署名虚生。

形,换成那個情形。實在是剷除舊習慣,造成新習慣。舊習慣不是一半天可以①剷得平,新習慣不是一半天作得成。創始革新的人總是失敗,也正是這個道理。但是人類的心理同水行的路一樣:水行一次,雖然不見得沖成溝,而積久的淤泥總要刷去一部分。久而久之,自然通暢。改革家失敗一次,就是進益一次。區區一條辮子,積二十多年的鼓吹,還没有翦除乾净,可以見習慣的勢力怎麽樣的偉大——但是現在的辮子究竟同三十年前的辮子大不相同。三十年前的老人,看見一個人没有辮子,就可以覺得他罪在不赦。設想那一個老人現在還在,他看見人没辮子,雖然有一點不順眼,從前的怒氣,可以説完全消滅了。因爲什麽?就是因爲他的新習慣快已作成了。從此看來,革新家想要成功,止有一條好法子,就是"强聒不舍"。

二

我説習慣對於心理現象還有一小部分不能支配,信極端惟物論者,一定説我還帶着二元論的迷信,儘少説,也免不了二元論的嫌疑。我不曉得這是一元論,是二元論,也不曉得是應該主張一元論,還是應該主張二元論。我只覺得宇宙間的萬象,狠可以設想在一條直綫上面。這條直綫的兩極端,我們完全没有法子看見,並且它是否有兩極端,我們也完全無從知道。但是就我們的視綫所及的兩端説,已經大大地不相同。不但如是,這兩端的中

①編者注:原於"可以"後衍一"了"字。

間,還有無限的色彩,無限的形貌。雖説這中間的一切點,也似乎有相同的性質,可是相同的方面很少,不同的方面很多,就是因爲研究的方便,分這條綫爲若干的種類,這種分類,只嫌過少,絶沒有過多的時候。我們積多少年的經驗,多少人的心力,或者對於某一小部分知道的比較詳一點,或者對於較大的一部分,約略的知道一點。我們總是不肯故步自封,總是用已知以推未知,推想全體也是如是。這種推法的對不對,我們也無從知道。但是人類的思想史,曾經告訴我們説,從前這樣的推,是沒有一次不錯誤的。我也知道這樣的推法是人類思想最上的滿足。我並且知道從很早的時候,鋭敏的思想家已經看出這樣的錯誤,禁止大家以後不要再這樣作,可是看出的自看出,禁止的自禁止,那樣推的還是那樣的推。我並且不是不知道尋求一元是人類精神恒定的傾向,真理不能離思想而獨立,所以我們所找到底真理,總得帶着一元的臭味纔行。可是我們的思想雖然總是向那裏趨,外面的實在好像永久地在那裏抵抗我們。一元的理論雖然可以滿足我們的要求,多元的理論却似乎同實在更相像一點。近代狠謙虚、狠小心的經驗論,也不過因爲可以使人躊躇滿志的一元實在不容易得着,所以很艱苦地在那裏一部分、一部分找,不敢輕舉妄動下最後的斷語。他們説我帶二元論的嫌疑,我實在是謹守經驗的範圍,不敢太玄學罷了。

三

舊習慣既不是一天半天可以除得掉,新習慣也不是一天半天可是作得成,所以改革的急先鋒差不多没有不失敗的。專就利害的觀察點去看,老子“不爲天下先”的話,實在是大有經驗的。可是我們人生的目的,是否專爲趨利避害?實在是一件極不容易解決的問題。看見一個野蠻人蹂躪無罪的婦孺,除了喪心病狂的人,没有不怒血上沸,這一類的情感,又是從什麽地方生出來的?這一類情感的傳播力,又是非常地偉大。我們固然不信那裏面有什麽樣的神秘,可是它的勢力,絶非他種勢力所能比擬,也是經驗所明白告訴我們底。具熱烈情感的人們,不計利害,一往直前,雖説焚身碎骨,而流風所及,不惟當時人受其感動,就是千百世以後,聽見他流風餘韻,還要威奮興起,區區個人的成敗,又何足介意?並且成敗兩個字,除了就個人方面説,就絶無意義了。因爲人生是向着一定的目的往前進的。可是這個目的極遠極遠,以至於我們可以疑惑這個目的端的是否真有。像這樣的長途,我們在路上走的時候,不得不設許多暫時的標竿。我們通常所趨底目的,全是這些暫時標竿。走到跟前的就叫作成功,還没有到的就叫作失敗。其實無論失敗與成功,全是走進化的無限長直綫上的一小段。没走到標竿的人比走到標竿的人走的遠,並不是一件不可能的事情。因爲人類社會的事業,是繼續的,非斷片的。後來的人接續着從前人的路程,離標竿較近,自然可以很快地走到了,成功了。但是就人生自身一方面看,誰是失敗?誰是成功?却完全没有一點的區别。在人類裏面最可佩服底,並不是成功的幸兒,實在是失敗的英雄。他們當一切同胞正在醉生夢死的時候,獨能不避怨毁,不怕刀鋸,向着冥冥渺渺的目的地進行,這是何等樣的精神?我們且套一句話,絶不怕有一點言過其實的毛病,説:

“人之所以異於禽獸者,以其有失敗的英雄也。”

四

希望是人生裏面最虚幻的東西,也是人生最可寶貴的珍藏。人生如果没有一點希望,那止好赴東海而死,還有什麽樣一點生氣呢?可是希望所以可寶貴的緣故,正在於他是最虚幻的東西。好像登山一樣,山的高不曉得幾千萬重,如果没有一點登到頂底希望,無論什麽人全要喪失了前進的勇氣。必須山頂若遠若近,將即將離,我們全有一蹴可到的幻覺,然後可以有迅速的登進。並且當我們登臨以前,必預先想像山如何的高,谷如何的深,峰巒如何的峭峻,林木如何的秀麗,然後游興勃發,雖路途崎嶇,有所不顧。可是我們敢説一句話,絶不怕將來的經驗,證明它的虚僞,就是:山中的景物一定不是那麽一回事的。因爲不惟没聽見人説過的情物,與想像中的景物一定不合,就是常常聽人説得很清楚的景物,及至親臨其境,一定會恍然大悟説原來是這樣的。這種虚幻的想像,與將來經驗不符的想像,實在是做夢,是睁着眼做夢。可是如果没有它,不惟前進的勇氣,定要一切喪失,並且這樣枯燥的人生也太没有趣味了。歸結我要説一句大膽的話:世界中,除了睁着眼作夢的人,就没有有興趣和勇氣的人。

五

凡一個社會裏面通行狠長時候的宗教,對於此社會中普通的心理,一定要負一種責任。這是一個顯著的判斷,不需要怎麽説明的。

孔教比耶教有狠長的地方我也承認。但是有一個狠重要的地方,我不能不説孔教是完全失敗了。當歐戰的時候,我國的華工,到法國若干,這是大家全知道的。有一次,他們所乘底船到地中海裏面,被德國底潛水艇擊沈了,他們就死了不少的人。這次的死事,本是在意中的事,並没有什麽奇怪。所可奇怪底,就是這些同胞不死於水而死於船主的手槍。難道説這是法國人欺負我們中國人麽?這又不然。當大艦沈没了,大家上救生船的時候,必須婦孺畢登,然後丁壯開始登上,這在歐洲實在是一件天經地義,絶没有可疑惑的事情。但是在我國的華工心目裏邊,何常有這樣觀念?當生命危急萬分的時候,當然想着誰先上去誰的危險小,誰後上去,誰就有生命的危險,亂雜無章,争先恐後,自然是必有的現象。你每次看見上一絶無危險的火車,而擁擠喧囂,令人頭昏,就可以想出這個時候的擾攘,絶没有一點奇怪。船主的職務,在於維持秩序,秩序不能維持,他除了開手槍打,還有什麽别的法子?我們這些誠樸的,没有知識的同胞,身死以後,還要被野蠻的惡名,真是一件大可憐憫的事情。這件事怪外國人麽?當然不能。他們盡他們當盡的職務,有什麽不應該?怪這些可憐的華工麽?那更不能。造次顛沛,不失其守,士君子還難做到,而何尤於工人?説到這裏,無論怎麽樣,也不能不承認歐西普通人民道德的水平綫高於中國了。——妄説中國貴道德,歐西重功利的人們曾留意到這一類事情麽?——難道説中國人是天生的劣種?那又不然。保護幼弱的美德,在歐西也是多少年纔養成的。這種風俗出於中世紀的武士,而這些武士又受了基督教的陶溶。這件事情,孔二先生雖然没有明白地説過,而在儒者裏邊,也算是一種美德,這是决無疑義的。不過孔二先生同他的門人所注意底是造成治國平天下的人,是造成治人的君子。看"仕而優則學[①],學而優則仕"的話就知道仕、學兩件事,在孔門弟子的心目裏邊,是分離不開的。至於平民,他們的精神是照顧不到的。"禮不下大夫",則禮固不爲平民設。至於他[②]那些繁文縟節,就是想行到平民裏邊,也勢有所不能。所以直至今日,在平民裏邊,除了談粗淺的信條外,幾乎没有其他道德上的信條。基督教則耶穌個人本是一個平民,教義的推行,又是從下之上的。他們捉着幾條簡單的教義,竭力在平民中宣傳,漸積歲月,遂成風俗。這些地方確非孔教徒所能庶幾,現在中國時局的混亂,孔二先生實在不能不負一部分的責任。我狠希望我國之自稱孔教徒者,對於我這句話,細想一想,盡力於教育的人也要仔細想一想。

六

我從前雖然也把四書、五經讀得很熟,能背誦的達到一大半,但是那個時候,讀不過讀罷了,背誦不過背誦罷了,至於道理,我並没有細想過,不要説明白了。我近些時常常夜裏睡不着覺,就變動佛家數息的法子,把論語裏面熟的句子,隨便數數字數,數數畫數以招睡魔。可是在這無意中間,忽然發現了兩句,使我非常

①編者注:"學",原空闕,據論語子張補。
②編者注:"他",原誤作"她"。

詫異。這是那兩句呢？就是孔二先生所説底"耕也餒在其中矣；學也禄在其中矣"。"耕也餒在其中矣"！終年辛苦血汗，"胼手胝足"，而終於不得一飽，這是天地間怎樣一件不平的事情！你孔二先生如果没有看見，那我們也不過怪你的近視眼。你現在已經看見了，自負爲先知先覺的你，已經看見，是應該怎樣的慘淡經營，爲他們改良生活；即使不然，也應該大聲疾呼，替他們申訴不平。可是現在你看見了，你很清楚地看見了，你却用"在其中"三個字把這件慘酷的現象輕輕地略過去，你一定覺得這是天地間很當然的事情了！這能使我詫異到那步田地呢！至於"學也禄在其中矣"這句話，使我詫異的程度，也不下於上一句。我從前常覺得我們中國人家弦户誦的三字經一定不是王應麟作的——很有人那樣説——因爲那裏面什麽"彼既仕，學且勤"ㄋㄚ，什麽"彼雖幼，身已仕"ㄋㄚ，是怎麽樣淺陋的説話！"滿朝朱紫貴，盡是讀書人""萬般皆下品，惟有讀書高"，作神童詩的人或可以那樣説，通雅如王伯厚，似乎不應該那樣説了。可是現在我於無意之中，發現了"爲萬世師表"的孔夫子也是那樣説！這豈能使我不大詫異而特詫異！以後我又將論語裏面關於利禄的話頭詳細比較一下子，才恍然大悟道：孔二先生原來如此，却也不過是如此。平心講起，孔二先生對於不義的富貴"視若浮雲"，他一身的行事，也還同他自己所説底話相差不遠，總算是一位很有志氣的人。可是另外一方面，他總覺得爲學和做官是兩件分不開的事情；做[①]官和安富尊榮，是兩件分不開的事情。你如果不相信，你

①編者注："做"，原誤作"倣"。

請看子張以孔門大賢而學干禄,孔子答他的話,不過是“禄在其中”,同“雖蠻貊之邦行矣”“在邦必達,在家必達”爲同類的口吻,另外何嘗有一點微辭。他對於宰我的請短喪,背後嚴加申斥,以至於對於樊遲的請學稼,也背後嚴加申斥,而對於學干禄的人,却一點責備也没有。他的意旨,不是很顯然的麼?我現在才明白“通功易事,以羡補不足”,那是孟子受許行、彭更的駁擊,才發明出來的道理,并不是孔子已經有的明白意思。覺得子張學干禄狠不對,委曲設法替他辨護,那是宋儒受佛老的影響,道德觀念變純潔以後的説法,絶不是孔子已經有的意見。——無論什麼人,總要受他過去的和同時的人的影響,所以上面所説,絶不是挖苦孟子和宋儒的話,讀者不要誤會——孔子的意思,只是好好地“學古入官”,好好地替人家作事,去享受比農夫高的多的安富尊榮。孔子的意見是如此,并且止是如此。

七[①]

還有一個問題可以説同上項問題有密切的關係,就是孔子對於道德的理論並不甚高。——這並不是説孔子個人的道德不高尚。實在孔子的精神有不少可佩服的地方。比方説,“鳥獸不可與同群,吾非斯人之徒與而誰與”,及“知其不可而爲之”之類。但對於道德的理論是另外一件事,並且是一件很重要的事——因爲道德理論進化的初級總是一種粗淺的功利論。按着這種理論,

①編者注:“七”,原誤作“六”,據前後文改。

道德的根基就建樹在“天道福善禍淫”的大原則上面。我們爲什麼應當爲善呢？就因爲是天道福善；爲什麼不應當爲惡呢？就因爲天道禍淫。人類全想避禍而得福，自然應談趨善而避惡了。可是這一個大原則的不很容易成立，絶不是一件難看見的事情。我們就不必矯枉過正説天道福淫禍善，我們總可以説，個人的善淫好比一個圈子，天道的福禍却是另外一個圈子。這兩個圈子相合的雖然不少，不相合的地方却也很多。看司馬遷伯夷列傳“若伯夷、叔齊所謂善人非耶”底下的一大段，就可以知到這兩個圈子的不相合是信而有徵的。“天道福善禍淫”的大原則建樹不起來，道德的根基就要跟着動摇，所以研究道德學的人一定要給它找出來一種新根基，才可以堅固道德的信念。即以我們中國的學者説，司馬遷看出許多不平以後，就結論説“亦各從其志也”。王夫之説：“下峥嶸而無地，上廖廓而無天，義結於中，天地無足爲有無，而况於人乎。‘百爾所思，不如我所之’，所之者何？若不能自宣也，而百爾之不如，洵不如矣。”這一類把道德觀念歸根於内心的意志的理論，在哲學上，叫作道德的惟心論（l'idéalisme moral）。張載的西銘説人出於“乾父”“坤母”，就應該“繼志”“述事”，他的理論頗像哲學中的分播論（l'émanatisme）。他們的意見雖不同，却全是感覺到“天道福善禍淫”的假原則不足爲道德的根基，而另外去尋新根基，總算是道德觀念上的一種大進步。至於孔子、孟子則還没有脱粗淺功利論的窠臼：孔子説：“故大德者，必得其位，必得其禄，必得其名，必得其壽。”又説：“故大德者必受命。”孟子説：“苟爲善，後世子孫必有王者矣。”他們深信有大德的人就是及身不能王天下，他的子孫也一定要王天下，他們這樣童樸的信仰,真足令人詫異。孔子對於南宫适"羿善射,奡盪舟,俱不得其死然;禹、稷躬稼而有天下"之説雖然不答,可是背後不禁深加贊美説:"君子哉若人,尚德哉若人。"可看當日大多數的人並不是那樣看,止有很少的人是那樣看,所以孔子一聽見那一類話説就非常地高興。另外一方面,可以看出孔子對於大家已經看出的困難,却没有勇氣去設法解决它,止要將就敷衍;雖説明知道兩邊有不相合的地方,却止要大家就相合的一部分去看。括總講起,我們中國人的特性是對於實用頗爲講究,而對於理論則思想不明析,没有勇氣去正眼細看所遇見底困難;究之理論不清,實用也跟着受病。孔孟端的是我國的聖賢,最足以代表我們的特性:他們的長處,也就是我們所能有底長處;他們的短處,也就是我們所公有底短處。他們的思想受民族特性的限制;民族的性質又受他們思想的影①響;互相爲因,互相爲果,遂形成今日哲學科學不振的現象。如果把這些現象全歸咎於孔孟,固然是冤枉,可是説他們對於現在的情形全不負一點責任,也是亂説。我們今日如果不想修明哲學和科學,以自躋於文明國之林,也就罷了;如其不然,而不能打破孔孟的範圍,那歸結是無希望的。

八

興味不曉得是一件什麼東西,但的確是各種勤動(l'activité)的淵泉。各種勤動有了它,才可以發動,可以持久。既能持久,成功

①編者注:"影",原誤作"形"。

自不必言。如果失了它,就是假借外力,勉强發動,歸結好像無源的水,“其涸也可立而待”;至於成功更説不到了。作事最患没有勇氣,如果有了興味,勇氣自可“源源而來”。没有希望,它可以使我們幻想出來很多的希望;没有幫助,它就是我們最大的幫助;以至於没有理由,它還可以造出來很多的理由。總之如果想作事,有了它,什麽全不缺乏;没有它,就有很好的環境、機會,全要被失掉了。有興味的人,就是隨便登臨一丘一壑,全可以找出來無限的勝境;没有興味的人,就是登碣石,觀滄海,也不過覺到大水一片,毫無佳處。你問 Paseal 何以成大幾何家,那就是因爲他從很小的時候,覺得一條綫、一個圓,並不是乾燥無味的東西;雖然有他父親的禁止,他還是偷偷地研究它們。你要問美國的工商業何以那樣發達,那就是因爲有很多的人,並不爲一身的享受,却對於事業的自身,有很高的興味。孔子有“發憤忘食,樂以忘憂”的興味,所以能成相當的事業,得到相當的學問。興味這樣的重要,而我國兩千年來的教育家,幾乎没有人注意到它,何怪乎國人主動的能力幾等於零,社會總是現出死氣沈沈的現象呢?

九

興味從另外一方面看起,可以叫作生活力(force vitale)。這種力大約同物理學裏面所説底能(l'énergie),是同類的東西。“能”發現出來,或爲熱,或爲光;生活力發現出來,或爲感情,或爲理性。熱、光的發現雖不同,而皆出於能;感情、理性的形式雖不同,而皆出於生活力。生活力豐富者,發現於感情,則爲熱烈的感情,發現於理性,則爲清楚的理性。没有熱烈感情的民族,不能有清楚的理性,因爲這本來是同質的東西。古希臘人思想的清楚,令人驚異,但是他們感情的發展,又豈是同時其他民族所能企及?固然生活力豐富的民族,有時感情極熱烈,理性全爲所掩住,反不如生活力貧乏的民族,還保有相當的理性,但是如果他們的感情少爲平息,理性得相當的發展,一定不是生活力貧乏的民族所能趕得上。發現十字軍的地方,才能發現 Descartes、Leibniz、Voltaire,才能發生驚天動地的大革命。皮相的歷史家,一定覺得很奇怪,少深遠一點的歷史家,可以看出這是當然的道理。中國的人民没有熱烈的情感,没有熱狂,他們的理性又何嘗能發展到什麼步田地?理性不惟與感情爲同質的東西,在有些情形之下,很可以説它是感情的附屬品。因爲理性是没有出發點的。比方説:你先有"不自由勿寧死"的决心,清楚的理性可以給你得到自由的方法;但是你這種决心,又何嘗是理性給你證明的?又如我們這一次所作底自主運動,你同惡劣的官僚、政客永遠講不明白,因爲他們心中本來没有那種感情,那個道理又不是理性所能給他們證得明白的。在哲學史上,惟理論(rationalisme)和神秘論(mysticisme)雖爲兩極端的學説,却常常有密切的關係,就是由於這個原因。由理性的自身看起,本不怕什麼冷酷,但是大家對於冷酷的理性總有點害怕,就是由於它離却感情而獨立。有熱而無光,内邊的運動固然有點盲目,可是有光而無熱,連運動也不能有。感情離却理性,固然要到處亂碰,理性離却感情,就成了一種死東西,還能有什麼用處?總之,在這個生存競爭劇烈的時候,必須有豐富的生活力,才能在這個地球上面,找到①一塊立足的地方。生活力的發現,爲感情,爲理性,必須先有熱烈的感情,而後清楚的理性始得有所附屬;吾人在這個變動不息的大宇宙中間,才能盡我們真正的職務。

十

我們中國的人動自詡爲文明古國,有不勝驕傲的意思。其實,如果想要驕傲,有什麽東西不可以驕傲? 古今不過是相對的説法,古國又有什麽可驕傲的地方? 就事物的本身講,無論是一個個體,一個社會,總是在一定時期以内,逐漸發展;到了某時期,發展到最高的限度,以後就逐漸地低落下來。這種抛物綫式,已經成了宇宙中間任何事物發展的必遵循的軌道。如果是一個社會,還可以綿延下去。但是想要它綿延,有一個必要的條件,就是給它一種新鮮的養料,使它得着一種新鮮的生命。中國的歷史長,已經走到降下的時期,並没有什麽奇怪。現在的人想使它重升起來,給它一種新養料,也是當然的道理。不過新養料雖然已經注射進去,而對於長歷史的驕傲,好像在那裏隔住,使它不得下咽,還不曉得將來歸結能消化不能。在這個極危險的時候,恐怖且不暇,還有工夫去驕傲了!?

就事物裏面所含底道理講,如果某一種道理,已經發現了數千百年,還没有經驗去否定它,這種道理當然是比較地真實。如

①編者注:"到",原誤作"要",據文意改。

果某一民族發現它的特别早,自然還有可驕傲的地方。但是無論怎樣,道理是含在事物裏面的,而得到它却靠我們的知識。我們的知識有限,事物中間的道理無窮。所以無論什麽好的道理,初得到的時候,總是極模略的,不精細的。必須要積很多的年月,一天一天地往前鑽研,才可以得到比較精細的,比較靠得住的道理。時間之所以可貴,古文明之所以有可驕傲的地方,除了因爲時間爲鑽研的必要的條件以外,並没有其他的原因。如果故步自封,以主觀所得底模略的知識,爲天經地義的道理,那就要把時間可貴的地方失去,文化古還有什麽用處?我國人鑽到古人的牛犄角裏面,越鑽越出不來,以至於三四千年前的極粗陋的分類法:八卦、五行,還能在現代思想裏面作祟,這悠長的歷史,止好作我們耻辱的表現,那還有可驕傲的地方ろ丨?

再進一步説,文明古國之所以可貴,重要點在文明而不在古,也是一種很顯著的道理。如果專重在古,那非洲的黑番,美洲的紅皮,何以見得不與埃及、印度、亞叙里諸古國同其悠久?如果拿我國文化詳細分開去同歐洲的文化比較,專就古的程度上講,也未見得有什麽可驕傲的地方。中國哲學的發達,雖然同希臘哲學發達的時期略可相當,然在紀元前第四世紀,亞里斯多德對於論理學,已經有精深的特著,我國則自因明術入中國(紀元後第七世紀)以前,論理學完全没有成立。——近來哲學歷史家雖然常説到墨子、荀子、韓非子等人的論理學,那同西洋的哲學歷史家説Elea學派、蘇格拉底等人的論理學相似。這些人止能算開論理學的先河,不能算作論理學家。至於希臘懷疑學派及近代哲學,對於主觀客觀的分辨,已經得了顛撲不破的結論,而我國的念書人,一直到現在,對於這一類的分辨,仍是若明若昧。“天聰明自我民聰明,天明威自我民明威。”就是歐洲浮淺的治中國學者也很贊歎中國民治思想發達的早。但是仔細一看,史記幾全抄臯陶謨的本文,而並没有這兩句話,可見這些話是漢儒的追加,並非四千年前所固有。文學則三百篇雖然有可與 Hesiodus 争勝的篇章,而 Homerus 的叙事詩,在中國當時那裏可以找出同它比短量長的東西? 羅馬 Lucretius 的哲理詩六首,長至七千餘句,爲哲學家重要的著作。中國到現在還没有可以比它的著作,不要説當時了。戲劇則 Aeschylus、Sophocles 諸人(皆在紀元前第五世紀)已有極重要的著作,而我國則遲之又久,到關漢卿、王實甫的時候(紀元後十三世紀),他們的著作,還不曉得能同希臘名家的著作相比不能。——因爲我國的名著多長於情景的正面描寫,而短於心理的深密解析。小説則即吴承恩、曹雪的著作,也還不能同 Cervantes、Hugo、Tolstoï、Dostoïevski 抗衡,更不必説。科學則希臘人對於數學具有天才,非當時任何其它民族所能企及。歐幾里得在紀元前第三世紀就能著作體大思精的幾何原本,直到這本書譯成中文的時候(紀元後十七世紀初),中國還没有幾何學的萌芽,豈不可怪? 中國歷代所得全是一種應用的技術,至於理論的科學,一直到現在,恐怕真明白它的性質的人還不很多,不要説有什麽進步了。平心講起,我國所少可驕傲者,止有指南針、紙、印刷術、火藥的發明及歷史的記述(我國人偏於好寫歷史,所以歷史雖不見很好,而種類則甚多)而已。綜觀中國人的特長,止有很忍耐地,幾乎可以説是受動地積些粗淺的經驗,得一點實用的結果。在哲學裏面,勉强可以説是 École empirique。至於用主動的智力,把經驗所得,參伍錯綜,求得一切現象精密的定律,組成合理的經驗學派 École expérimentale,儘少說,一直到現在,我還没有看見這種能力的表現。今年春天因爲京報副刊徵求青年必讀十書的書目,我舉了六種幾何學,四種論理學,看見的人,覺得我故意開玩笑,連一點反響也没有引出。實在我覺得對於我國現在的人,如果不嚴格訓練他們主動的理性,那科學的發展終歸無望,我國就是文明古國,也要被天然所淘汰,同埃及、巴庇倫同成歷史上的名詞了! 歹!

十一

我剛從法國回來的時候,有一個朋友問我説:“你在法國學哲學,到底歐洲的哲學,同我們中國那一派的哲學相近?”我回答他説:“你這個問題我實在没有法子答。但是我由於你這個問題,想到你發這個問題的緣故,總是想叫我用一種極簡單的話,説明歐西、中國哲學的同異。如果我猜想的緣故不錯,我也是無法答復你的疑問。因爲各方面的派别,全是異常地複雜,我怎麽樣能用幾句簡單的話回答你了!?可是你如果一定要問我,我止好用兩句頗帶武斷的話——也是不得不如此——回答你,就是:中國的哲學無論那一派,全帶有歷史的性質;歐西的哲學無論那一派,全帶有數理的性質。”當時我那個朋友,雖然對於我的話很懷疑,却没有大往下問,我們談哲學的話,即從此中止。後來我又同一位同鄉的老先生談到這一類的問題,我就同他説:“我們中國人思想的構造,完全不近於幾何學,一直到明萬曆年間幾何原本輸入的時候,中國還没有幾何學的萌芽,實在是一件可詫異的事情。"這位老先生就對我大發其議論——這位先生對於國學和輸入的科學全有相當的知識,爲我所佩服的一個人——説易經裏面就有很多幾何學的知識:什麽參天兩地ㄌㄚ,什麽陽九陰六ㄌㄚ,説了很多的話。我當時認爲他的話雖或者有一部分的道理,但完全文不對題,可是我那個時候,並没有反駁他。第一,因爲這位老先生是一個話匣子,他説起話來,刺刺不能自休,我不願意在中間截斷他;第二,我頗喜歡聽他新奇的議論,所以當時就不願意中止着他,來發我的議論。以後我對於這位老先生也没有常見面,現在他也已經去世了,永遠再没有同他駁辯的機會。我每次想起來,非常後悔,以爲他雖然歲數大一點,但是思想還發達,爲什麽"可與言而不與之言"ㄋㄧ? 我今天所要説底,就是要辯明什麽才是幾何的知識,何以證明中國人思想的構造完全不近於幾何學。至於幾何學同思想發展有什麽樣關係那一類的重要問題,也止好改日再説。

我們所説底幾何的知識,並不是要指關於形體上任何的知識,是要指用幾何學那樣推理的方法,所得來底關於形體的知識。關於形體的知識,任何民族,差不多總有一部分,我們中國的人,當然也不能在例外,自無待言。可是用幾條無論什麽人不能不承認的公理——比方説,無論何人不能不承認"和大於其分"——和幾條大家商定的定義——比方説,綫有長短①而無粗細——以後由純理的方法,推論出來些無論什麽人全不能不承認的定理,那才能算作幾何的知識。至於這些知識或比較簡單,或比較精密,那却是没有關係的事情。所以止要是用純理的方法,不管他所

①編者注:"短",原脱,據文意補。

推求出來底結果,怎麽樣的粗淺,總可以算作幾何學的一部分。如果用經驗的辦法,不論他所求得底結果,怎麽樣的精深,總與幾何無干。我總疑惑我們中國人對於勾方股方之和等於弦方的定理,不曉得是怎麽樣求得的。這個定理,在幾何學裏面,已經算是比較精深的了。但是在我國人的數學書裏面,總没有講過一句應該怎麽樣去證明它的話,所以我總疑惑他們是用經驗偶然碰到的;儘少説,我們永遠没有看見他們用純理推求的痕迹,我們就不能冒認它作幾何學的知識。我從前疑惑祖冲之所得的圓率(三・一四一五九二七)無論怎麽樣的精密,也是用一種奇怪的經驗得到的。後來看疇人傳,知道魏朝的劉徽已經知道割圓的法子。他的割圓却是根據於很正確的勾方股方之和等於弦方的定理,以後逐漸增割而得的結果。祖冲之大約還是用那一種割圓的法子而更加精密,所以它那裏面還算含有一部分的純理。但是無論如何,他一方面未能用純理證明他所根據底定理,另外一方面,他不惟説他所求得底圓率是什麽數目,並且説圓徑一百一十三,圓周三百五十五。所以我疑惑他並不曾確信純理的方法,却是求得數目後,更用經驗來證明它,所説圓徑圓周的數目,就是他用經驗證明的結果。如果這樣,他的割圓雖説含有純理的一部分,全體説起,仍不能算作幾何學上的知識。并且幾何學在歐洲爲純理知識的模範,幾何原本的輸入中國,在學術上是什麽樣一件重要的事情!但是一直到現在,還没有什麽人能指明這件事情在學術上的真正價值。清朝的數學家雖説在求對數、求圓率及其他各方面還有若干的進步,而在純正幾何方面,實在没有作一點嚴重的盡力。據這種種方面看起,我所説底我們中國人思想的構造完全不近於幾何學,總不算冤枉ㄅㄚ。

十二

希臘人爲富於幾何天才的民族,也可以説是有幾何癖的民族。這並不是説到了希臘人才有關於形體的知識。希臘人關於形體的知識,是從埃及輸入的。看 geometria 這個字的字源就可以明白。希臘文的 gê 是指田地,所以在歐洲文字中,凡以 geo 開頭者,如 géographie、géologie、géodésie、géocentrisme、géogénie 等字全有地的意思。希臘文的 metron 是指量度,所以在歐文中如 metre、thermometre、barometre、électromètre 等字,凡以 metre 結尾者全有量度的意思。Geometria 就是量地的法子,就是中國所説底方田法。現在學幾何的人,乍看見這句話,一定很詫異,以爲幾何學同方田法能發生什麽關係ㄋㄧ?不錯,現在的幾何學同方田法,已經没有狠大的關係;但是在歷史上,方田法爲幾何學的爸爸,儘少説,在埃及、希臘的歷史上是如此的。大家總曉得埃及有一條大河,叫作尼羅河。這條河每年到六七月間,上游大山裏面雪融的時候,就泛溢出來。有兩三個月,埃及完全變成島嶼點綴成的大海。這些島嶼就是鄉人住的村落。等到九月底水退以後,大家才下來耕種。你想這樣"滄海化的桑田"如果没有很精細量田的法子,大家能知道那一塊是誰的田ㄇㄛ?方田法在埃及有最古的歷史,也是不得不然的道理。可是幾何學的這位爸爸,在埃及,總不過是一種出於經驗的技術,没有理論上的根據和證明。以後他同希臘人的天才結了婚,就很快地生出一個"寧馨"的兒子:幾何學。這位幾何學雖然大跨其竈,但是因爲他是方田法的嫡親的小寶寶,所以仍襲他爸爸的姓名。他們結婚的時期並不很早,大約在西曆紀元前第七世紀之末,第六世紀之初。但是據説,他們當度蜜月的時候,對於製造小國民的義務,已經有很好的成績。幾何原本裏面所載底定理有相傳是 Thales 證明的。一索即得壯男,真是可喜的事情。但是這個小囝,絶不像他爸爸那樣的土頭土腦,從他呱呱墮地的時候,就是精細伶利,一見而知其爲英物的。以後的思想家對於幾何學全有相當的研究或發明。Pythagoras 一派的哲學家同與 Socrates 關係最深的 Anaxagoras 全是有名的幾何學家。Democritus 看見 Protagoras 打柴回來,他所背底柴,放的很合幾何學的道理,就勸他學習哲學,歸結就成了哲人學派裏面最有名的哲學家。Plato 很高傲地在他的學園門口寫這樣地幾個字:“不習幾何者不得入内。”這兩件事雖然未見得真有歷史上的價值,然而能有這種傳説,也足以看出希臘人對於幾何學興趣的濃厚了。到西曆紀元前第三世紀的上半紀,Euclides 已經在 Alexandria 城匯集前人已有的發明,加以整理,寫他那體大思精的幾何原本。像這樣一門精深的科學,出世僅三百餘年,已經達到加冠授室的年歲,長成的神速豈不令人可驚? 希臘人不惟對於幾何學有極高的興趣,並且對於其他部分的知識,也喜歡用幾何的方法去研究。Plato 看見他從前研究自然界的人意見紛歧,對於感覺,完全失了信用;想建立他的哲學,就不能不從幾何裏面借武器。他不惟從幾何學借方法,就是他的術語也是從幾何學借來的。你要問 Plato 爲什麽講 idea? 就因爲①幾何學基礎的點綫面

①編者注:原於“爲”後衍一“爲”字。

體、直綫、三角形等類全爲 idea 的緣故。你要問 Plato,氣水火土四原質有什麼樣的分别?他就可以告訴你説:它們的不同全因爲它們的形體不同。希臘有不少的懷疑派學者,但是除了 Sextus Empiricus 以外,没有一個人懷疑到幾何學上定理的確定。凡與幾何學有相類性質的科學,在希臘全有相當的發展。至於經驗科學,因爲與幾何學的性質太相遠,希臘人從來没有耐性去研究,所以也没有什麼進步。然則説希臘人有幾何癖,也不算冤枉他們了。

十三

我們人類的思想,從思想的歷史看起來,可以説它有兩種很不同的構造。我還記得我十四五歲學算學的時候,有人告訴我説:凡九的因數,如果單將數字加起,加得的結果,全可以用九除盡;并且加得的結果,如果不能用九除盡的,一定不是九的因數。我當時聽見這些話,並没有能力去追問這個道理用什麼原理纔可以把它證明。不過很童樸地設想幾個數目,比方説:三百二十七和七千八百四十八。先將三、二、七三數相加,得一二,又將一、二相加得三,爲九所不能除;再用九除三二七也除不盡;次將七、八、四、八四個數目加起來,得二七,再將二、七相加得九,爲九所能除盡,再用九除七八四八,也可以除盡。以後反過來,找出九的幾個因數,把它們的數字加起來,看看加得的結果,是否用九可以除盡;復次,再將幾個非九的因數的數字加起來,看看加得的結果,是否用九可以除盡。像這樣的反復考驗,經過十幾次,没有錯誤,我心裏頭已經很滿足了,覺得這個道理是一定不會錯誤的了。現在回想起來,這樣的考驗法,實在幼稚地可憐。因爲九的因數和非九的因數全是無限的。它們裏面很可以有一部分含這種性質,另外一部分却不含這種性質;并且也可以一大部分全含這種性質,止有極小的一部分却不含這種性質。如果這樣,我們偶然所碰到底幾個數目,全合於這個條件,本來是一件很可能的事情。但是因此就肯定凡九的因數全含有某種性質,凡非九的因數全不含某種性質,豈不是"見彈而求鴞炙",有點太快了ㄇㄛ?另外有一次,一位先生告訴我説:一個三角形三角之和等於二直角,這個道理本來是幾何學所證明底,并没有什麽可詫異。但是這位先生,並不是給我講幾何——他懂得代數,至於他是否懂得幾何,我到現在還不知道——他給我證明的法子好玩極了。他很簡單地把紙裁成各種不同的直三角形,依次將每個三角形的兩鋭角裁下來,湊到直角旁邊,看到這些差不多全成一條直綫。那個時候,他心裏滿足了,我心裏也滿足了,以爲這個定理已經證明了。其實,不要説我剛才對於九的因數所説底話,全可以應用到這個定理上面,並且説三角之和等於二直角,豈不是説它等於一百八十度ㄇㄛ?可是一百八十度同差不多一百八十度的差别,我們的眼睛是否能分辨出來?Euclides 的幾何學同 Lobatchevsky 的幾何學,在這一點,就很有不同的説法。這些地方,真是"差之毫釐,謬以千里",豈可隨便忽略過去?——我上面所舉底兩個例子,是我個人的經驗,固然少有一點極端,但是我敢斷言,世界上有許多人類,他們的思想的構造,同我的思想的構造總屬同類。不管他們的經驗作的怎麽樣的宏富,他們的方法怎麽樣比較地縝密,止要他們專問經驗(用這個詞貧乏的意思),不問純粹的理性,他們的思想同我的思想總是同類的。這一類的思想,我們可以叫它作偏於經驗的思想。另外有一部分人——比方說,希臘人——他們很明白地看出感覺的不精確——說的過火一點,就說感覺是完全騙人的——而經驗却完全是靠住感覺的,所以對於經驗也就失了信用。他們除了純粹理性的指示,絶對的無錯誤,就什麼全不肯承認。他們寧可使他們所求得底知識同實在的世界不相接觸,却不肯對於含混的知識模模糊糊地承認;他們所求得底知識就是暫是一點用處全没有,他們總是要説這才是我們人類最可寶貴的東西。像這一類的思想,我們可以叫它作偏於理性的思想。這兩類的思想各有長處,各有短處。經驗思想的短處,就是含混,不精確,因爲經驗的自身,已經被限定是不能很精確的。——我們並不是説經驗不能得到相對的精確,我們是要説,無論器械怎麼樣的精良,方法怎麼樣的嚴密,經驗想達到一點没有疑惑的地位,是不可能的。測量的器械,在今日可爲比較進步。如果對於一物連續測量十次,一定有五六次尾數不能全同。也就是這個道理。——它的長處,就是同實在的世界相接近。理性思想的長處,就是所得底結果精確,它的短處,就是太抽象,與實在的世界不生關聯。並且這兩類思想,如果專就他的本路上發展,不同異派的思想衝突,到一定的時期,一定停頓着不再前進。看古代希臘同中國的思想史,就可以證明這句話的不錯。

建國的意志[1]

我覺得我們現在如果不想建立一個國家,那也就罷了;如果真想建立起來一個國家,那就需要有一種建國的意志。什麽叫做建國的意志?就是大家有一種獨立不羈的精神,不能隨便地東倒西歪。現在右黨的人總是説:我們寧可同英日的帝國主義妥協,却萬不能讓大家赤化。左派的人總是説:我們寧可同俄國怎麽樣怎麽樣,却萬不能任帝國主義的吞噬。這種少受戟刺,就要寧可這樣、寧可那樣的態度,就是没有建國意志的表示。我們既然成立一個國家,我們的國家就有它的意義和使命,我們就應該按照它應有的方向堅决地走去,百折不回地走去;如果隨便一點困難,就到處東張西望,找"有奶"的"娘",那又何必自家成立一個國家?再説的清楚一點,我們在現在的情形之下,無論帝國主義者怎麽樣迫脅我們,我們却萬不能一頭倒到俄國人的懷裏;反過來

[1]編者注:本文原刊猛進 1926 年 3 月 5 日第 51 期"時事短評",署名虛生。

説,無論將來俄國有什麽大對不起我們的地方,我們那個時候,自然應該抵抗它,攻擊它,却不能因此就同英日現在這樣的帝國主義者相妥協。爲時勢的需要,我們同某國携手是可以的,但是頭可斷,國可亡,族可亡,想要叫我們一頭倒在什麽人懷裏,却萬萬不可能,那才算有建國的意志。

對於國民黨中左派及右派的幾句批評[1]

現在我國中配得起稱一個政黨者,止有國民黨一黨——雖然説它不滿人意的地方還是很多。它現在裏面意見紛歧,分成左派右派,這也是一件很普通的現象,並没有什麽可悲觀的地方。但是無論右派左派,近來態度全有不合正軌的去處,所以我們不能不給他們一種善意的責備。

右派與左派的争執,表面上名爲共産與非共産之争,實在並不是那一回事。因爲就是共産黨在中國也並没有立時試行馬克斯學説的野心,並且人數頗少,有什麽可怕,值得大家的排斥?並且所謂左黨,也不全是共産黨;所以異黨所説共産與非共産之争,完全是一種造謡,與事實不符。他們兩派的争執的焦點,實在爲聯俄與不聯俄的問題。左派主張聯俄,右黨反對,遂釀成劇烈的争執。如果大家將對俄應取的態度弄清楚,然後可以評論兩派的

---

①編者注:本文原刊猛進 1926 年 3 月 5 日第 51 期“時事短評”,署名虛生。

得失。

我們很承認俄國的外交政策有很多令人不能安心的地方。並且俄國人的性情,喜歡絶對,他們的長處在此,短處亦在此,表示出來,就成了蠻横的態度,對於這樣的態度,我們時常覺到有反抗的必要。但是無論如何,他們改换政體還没有多少時候,他們對於我們所作底罪惡,比英日相差還遠,這是無論何人不得不承認的。他們對於我國的態度,同英日對我國的態度有根本相異之點,也是人人全看得見的。我們對於俄人的蠻横,固應時時反抗,時時矯正,但因此就把他們同窮凶極惡的英日人放在一條綫上,却是不應該的。要言之,英日人現在對我國人的態度,同我國人的生存,有根本上不能相容之點;他們的態度一天不改變——他們的政體改變以前,對待我國的態度,恐怕未見得能改變ㄅㄚ——我們對於他們就應該什麽犧牲全不顧地反抗,萬没有妥協的餘地。至於俄國,雖然他們的政策,同我國根本不相容的點,尚還没有,但是我們也應該時時矯正他們的蠻横,並不能因爲我們正在抵抗英日人,就得事事遷就他們。右派人把英日人同俄國人放在一條綫上,已經大錯特錯;有時候感情用事,專去攻擊俄國人,却把英日人的陰謀忘了,那真是荒謬絶倫。至於左派,對於俄國人對不起我們的地方,也一味袒護或緘口不言,失政黨應取的態度——比方説,近來哄傳的金石聲案,實在很有可研究的價值,我國人自然應該精密地調查,嚴重地抗議,乃左派報紙一字不提。我們所以不提廣東事及中東路事件者,因爲現在大家全知道廣東的事情,是帝國主義者的造謡,而中東路事件,我們也曾嚴正地考慮過,知道那是日本人换我國人視綫的辦法,俄國人没有大不對的去處。——左派人這樣的失態,也是我們所大不滿意的。我們對於他們的意見,就是如此。

又我們對於國民黨左派右派這樣的批評,並不是要博什麼中正的美名。我們從頭就没有什麼調停折衷的意思。我們同人現在雖説大部分没有黨藉,但是黨見甚重,却是自己絶不諱言的。我們固然不是國民黨左派,更不是共産黨,但是在現在紛歧的政見裹面,我們的意見,同他們相同的,總是比較的多。至於國民黨右派,我們很可惜他們,很希望他們不要看錯了目標。另外還有什麼研究系、政學系,我們覺得他們是根本要不得。所以我今天對於國民黨的責難,並不得爲那些政治寄生蟲所藉口。

虚生附記

答錢玄同論幾何學及論理學書[1]

疑古玄同先生：

我這幾天精神有些不好，並且有點忙，所以遲到現在，才能彀回答你，我想你總能原諒我ㄅㄚ。

幾何學的重要，不在於它的結果，却在於它的方法。我並不是説：這就是推理最好的方法；却是要説：它對於現在的中國人，總算一種最好的藥石。希臘人因爲對於精確，有一種熱烈的要求，他們的理性又是非常地清楚，所以能發明出來這樣純理的科學，並且對於這一類的知識總是非常地崇拜。幾何學及其他相類的科學在希臘異常發達，實在是一種當然的事情。我也承認這一類的知識總是太爲抽象；專用這樣的方法研究天然界，要生出太重形式、遺棄實在的毛病。近代的歐洲文化，却是另外加進去一個要素，經驗，才能發展到現在的地位。但是無

---

①編者注：本文原刊猛進 1926 年 3 月 12 日第 52 期，標題爲編者所加。

論如何，歐洲自中古以後思想的歷史，可以説是純理和經驗衝突的歷史。現代的文化就是它兩個的産兒。理性是它的父親，經驗是它的媽媽，兩者缺一，現代的文化不生。這樣的衝突在中世紀，隱於神學的外套底下，成了惟名和唯實兩派的争執。唯實派偏重普遍，承古代純理派的遺風；惟名派偏重個體，開將來經驗派的先河①。當時惟名派，將來經驗派的健將全是英國人，並且還可以武斷一點地説：英國的哲學，自始至終，止有經驗一派。我個人現在雖然對於英國帝國主義者非常痛恨，但是在思想史上，我們却不能不承認：英國的思想家，對於近代文化，有極大的功績。法國人與古代的希臘人思想相似，特别喜歡純理的東西。Descartes 的思想爲古代思想的進步，Locke 爲古代思想的反動，這兩個大思想家可以代表近代思想的兩大潮流。以後相衝相激，理性經驗結合起來，成了新經驗學派，即爲近代思想的結晶。它兩個結合的結果，是理性必以經驗爲根基，可以醫純理太抽象、太空虛的毛病；經驗必經理性的淘煉，也可以彌補經驗不精確的缺陷。至於中國，則兩三千年間，偏重歷史的方法，偏重經驗，凡從經驗可得的東西，比方説：紙、火藥、指南針、印刷術之類，他全可以很早地發明。至於純理的科學，在他的文化史裏面，幾乎没有一點位置。歸結，過了兩三千年，他雖然也積到些實在的知識，但在理論方面，成績極小，或者是完全荒謬的。就是他所得底經驗的自身，雖然也還實在，但總是極模略的，不精確的；這些現象在醫藥裏面，最容易看出

①編者注："河"，原誤作"何"。

來。玄同先生,你想中國人的知識情形,在這樣現狀之下,不用“過正”的“矯枉”法,用純理的科學,如幾何學之類,使他們的思想得一點練習,還有什麽另外的法子?這一點你並没有問我,我却刺刺不能自休,想你或者不至於怪我ㄅㄚ。

至於你問:我所説“幾何原本的頭幾卷,是否即利瑪竇、徐光啟譯的那前六卷”?是的。歐幾里得書共十三卷,後人附益二卷得十五卷。利、徐止譯前六卷,清季李善蘭始與英人偉烈亞力譯畢。利、徐爲什麽不譯完?現在却很難臆測。據利氏序言“太史意方鋭,欲竟之。余曰:‘止,請先傳此,使同志者習之,果以爲用也,而後徐計其餘。’太史曰:‘然,是書也,苟爲用,竟之何必在我。’遂輟譯而梓是,謀以公布之,不忍一日私藏焉”。據此則徐光啟志在畢譯,而利瑪竇却不願繼續。其所譯之六卷僅當現在所説平面幾何的一大部分。至於論比例論立體者,則尚待李善蘭的續譯。又據李氏序言:“是書泰西各國皆有譯本,顧第十卷闡理幽元,非深思力索,不能驟解,西士通之者亦鮮。故各國俗本掣去七、八、九、十四卷;六卷後即繼以十一卷(昶按:自十一卷至第十三卷論體,即今之立體幾何。我出國以前,曾見一英文本,即係此本)。又有前六卷單行本,俱與足本並行。各國言語文字不同,傳録譯述既難參錯;又以讀全書者少,翻刻譌奪,是正無人,故夏五三豖,層見叠出。當筆受時,輒以意匡補。偉烈君言異日西士欲求是書善本,當反訪諸中國矣。”偉烈氏序言:“……自來海上,留心搜訪,實鮮完善。仍購之故鄉,始得是本,迺依希臘文翻我國語者。我國近未重刊,此爲舊版,較勘未精;語譌字誤,豪釐千里,所失匪輕。余愧譾陋,雖生長泰西,而此術未深,不敢妄爲勘定。

會海寧李君秋紉來游滬壘，君固精於算學，於幾何之術，心領神悟，能言其故。於是相與翻譯，余口之，君筆之。删蕪正譌，反復詳審，使其無有疵病，則李君之力居多，余得以藉手告成而已。”在這兩段序文裏面我們可注意者，約有三點：（一）前六卷有單行本，可以獨立。（二）幾何原本如在中國，即爲先秦古書（歐幾里得於周赧王時，教授幾何於 Alexandria 城），“語譌字誤”，實在意中。偉烈氏所據，亦非善本。李善蘭所譯底後七卷，嚴格説起，實非譯本。他這一種“譯校本”的價值如何？如果有一位細心的數學歷史家能把它估量出來，實在是一件極有興味的事情。（三）前六卷言平面幾何，解人甚多，故譌誤亦少。後面則解人較少，譌誤亦多，利氏當日因畏難而輟譯，亦不可知。——要之，我希望大家研究幾何學，是想教大家拿這種方法練習他的思想，如徐氏所説“祛其浮氣，練其精心”。則拿近來翻譯的教科書研究，已經够了。幾何學的教科書同科學性較少的學科的教科書不同，比方説：歷史學，將來雖不曉得若何，而在現在，則如非專家，他所編底，總要有不少荒謬的地方。至於幾何，則普通的教科書，止有與教授適宜不適宜的問題，荒謬却是很難有的。無大荒謬而加之以方便——比方説，現在的幾何書全用代數式表示，比幾何原本全用文字表示者方便多了——所以我説：“只要擇新近所出書讀之即得。”至於我請人讀幾何原本的前六卷，並不是發什麽“思古”的“幽情”，却是因爲近來我看學生的卷子，如果談及科學的起源問題，大約是千篇一律地説古代希臘並無科學，科學是文藝復興以後才發生的。我以爲幾何原本裏面的東西，不惟是科學，並且是模範的科學，所以請大家把這一部老陳書再翻一下子，並没有其他的意思。——我近來頗想把幾何原本的各種本子(比方説,徐氏本、李氏本、數理精蘊本)及清朝人關於幾何的著作(比方説,宣城梅氏、栢城杜氏等人的著作)全搜集起來,比較一下子,看看中國人對於幾何學端底有一點貢獻没有,尤其要緊的,是要看看中國人對於輸入的幾何學的態度如何。但這是另外一件事情,與上文所説無干。

先生所看見底嚴又陵穆勒名學譯本,已至"部丙"之"篇十三",即屬足本。但此本近來似已不易得。我的意思以爲如果現在能有人把它重譯成國語,那是再好①不過。如果不能,這本書實有重印的必要。並且我雖然没有全看,我知道它裏面頗有誤譯。如果有人能照原文把它仔細校對一番,作一篇校勘記,附印在後面,那就更好了。

杜威的 *How we think?* 有人譯成中文,叫作思維術。譯本我没有見,不曉得譯的如何。

中文的論理學書,我所看見還算好的,尚有嚴又陵的名學淺説,胡茂如譯日文的一本論理學。嚴譯容易購買,胡譯早已絶版,前兩年聽人説已經重印,不曉得靠住否。

徐炳昶。三月四日。

這兩篇來往的信,即作爲老生常談之第十四段,因爲回信的大部分,仍是接續老生常談第十三段中所談底問題的。

虚生附記

①編者注:"好",原誤作"如"。

附錢玄同論幾何學及論理學書原信：

旭生先生：

今有欲請教之事，務請撥冗賜答，幸甚幸甚。

去春先生在京報副刊上所選"青年必讀書十部"，前六部都是"幾何學"，後四部都是"論理學"；先生在這裏那裏談到救治中國人思想昏亂的毛病，總説是應該以幾何學和論理學爲藥餌。我看了尊論，極爲感動。老實説，我對於此二學，還够不上説"門外漢"，簡直是"門外之表的漢"也。想今後在此二學上用些功，"以圖晚蓋"。可是我不解西文，原書不用説，是無從看起的。您説"只要擇新近所出書讀之即得"；這話我以爲尚有斟酌。中國新近並没有出什麽幾何學和論理學的書，有的不過是幾本教科書而已。我雖不來學"老虎"們的口吻痛駡今之學人，但我對於現今編譯的書和教科書等，却實在有些不敢信任，因爲這些大半是金錢榨出來的，編譯的人對於某種學問有興趣和心得而來編譯書的真是極少極少也。您説："幾何原本的前幾卷，穆勒·約翰和杜威的書，是一定要讀的。"我要請您詳細的告訴我：

(1)幾何原本的前幾卷，是否即指利瑪竇和徐光啟譯的那前六卷而言？（再狠外行的問您一句：歐幾里得之原書是否盡於此六卷？清季李善蘭續譯的又是怎麽回子事？）

(2)穆勒之論理學，我見過的就是嚴又陵的譯本（金粟[①]齋木刻本，共八册），至"部丙""篇十三"止，其書已否譯完？

①編者注："粟"，原誤作"栗"。

(3)杜威關於論理學之書,有無譯本?

又,治幾何學與論理學,若"門外之表的漢"起首即讀此三公之書,會不會像以前童子"束髮受書"就給他讀做聖賢的大學、中庸,鬧到茫然莫解呢?我因爲太外行了,故不敢信任現今編譯的書,但我想此中甚必有足供入門之用的,先生如能再舉幾種入門的書,尤感。

疑古玄同。十五,二,十九。

張之江也曉得禮教是什麽東西ㄇㄛ?[①]

西北邊防督辦張之江不去好好地練兵,打爲英日作走狗的張作霖、吴佩孚,却來妄談什麽禮教,什麽學風,真正是咄咄怪事!通電所説,一片胡言亂語,簡直是章賊士釗的口吻,真令人大詫異而詫異!學風一問題,我們也承認近來的學風不好——其實從前也還没有好過——但我們所説底不好,一定不是他們所説底不好。不過這個問題太長,改天有空的時候再講。我今天所要説底,止是禮教一問題。我第一句要問張先生的,就是:你既在那裏談禮教,你也知道禮教是什麽東西ㄇㄛ?你如果不曉得它是什麽東西,那就請閉尊口,仍以不談爲妙。如其不然,仍要無知亂説,那我們現在也無奈你何。我們也曉得,你們也並不知道什麽禮教,什麽學風,不過上了不曉得什麽人的當,隨便談談,表明你們没有赤化罷了。不過你們雖然不曉得這些,上了人家的當,可是替你們寫通電

①編者注:本文原刊猛進1926年3月19日第53期"時事短評",署名虚生。

的人,也或者真相信這些。再説句痛心的話,中國現在的人相信這些狗屁胡說的,仍是不計其數。那我們怎麽樣能不説幾句話广丨?

據我們研究的結果,知道禮不過是附於社會理想的行爲的規則。它本身也有相當的價值(參看社會科學季刊第一卷第一號我所作底禮是什麽?)。禮教不專指規則,却兼指社會理想的自身。社會理想因環境的改變,人智的開明而逐漸進化,則禮也要跟着它進化,才可以不至於作一個時代的落伍者。我國近數十年來,因時勢的逼迫,才漸漸曉得舊社會理想之不適於生存,因先覺者的努力,已經有很重要的變化,而舊社會理想,仍在那裏利用吾人的惰性,對於新社會理想作一種極頑冥的抵抗。通常之所謂禮教,就是這種舊社會理想同它那些附屬規則的集合體。"禮教不淪亡",没有新社會理想、新禮教起來替代它,中國民族恐就不久就要淪亡了! 丨丂!

然則舊禮教是什麽广丨? 你們所説底新禮教之所以異於舊禮教者又是什麽广丨? ——這個問題太大,不是這篇簡短時評所能詳説。但約略説一句,可以説:舊禮教完全建樹在階級制度的基礎上面,至於新禮教却應該在人類博愛互助的基礎上面建立。舊禮教因爲建樹在階級制度上面,遂致處處荆棘,將人類高尚的情感,幾致完全鏟除。君與臣成階級,官與民成階級,大官與小官成階級,父與子成階級,兄與弟成階級,男與女成階級;在一階級中間,才有情理之可講;在異階級中間,止有勢而無理。歸結,父子恩絶,夫婦道苦,君臣上下,全成了一種會穿衣冠會拜跪的猴子,壓迫者與被壓迫者交受其敝。這樣的禮教不斬除净盡,則社會没有取得新生命的希望,中華民國的名字不久也要同埃及、巴庇倫一様,成了一種歷史上的名詞,到那個時候,就追悔今日對於章賊士釗及其黨徒,太無抵抗能力以致養癰貽患,也太晚了。

要而言之,我們中國民族如果不想生活則已,如果還想生活,則除了對於舊禮教、舊思想,作一種絶無一點客氣的奮鬥,繼續不停的奮鬥,使它們不能阻礙新機的發展,殆無别法。我們對於張之江的妄談禮教的感想,就是如此。

這一點東西是上星期二晚晌看見晚報上登載張之江的電報,就非常地生氣,次早即來寫東西談這個問題。但因爲當時精神不好,所以没有寫成,後半是今天才寫成的。這兩天[①]大家哄傳報上所載底電報,是章賊士釗的手筆,送去叫張之江打來,張之江爲敷衍他的面子起見,遂翦裁一個頭尾打來,而章賊遂將他的原文送到報上大吹大擂地登起來,所以這個電報,實是"黠者僞造"。據章士釗素日的卑鄙行爲,這種的作僞是很可能的事情,並不算什麽奇怪。所以我此文的末尾,對張之江的責備,反到鬆了。但是在這裏,我們不得不聲明一句話:就是,這個電報,無論是誰作的,在張之江聲明詐僞,呈請緝獲僞造的人以前,他總不能不負很重大的責任。我們人民對於他這樣的妄談,總是不能寬恕的。

虚生附記。

十五,三,十六。

①編者注:"天",原誤作"大"。

對於國民一軍將領的幾句話[①]

自去年滬案以後,你們總算是站在民衆旁邊,同帝國主義者及其走狗互相撑拒。雖説你們的態度非常灰色,有很多不滿人意的地方,然而在你們的地位,有很多的困難,在這些去處,大家也會能原諒你們。你們因爲站在民衆旁邊,就從帝國主義者及其走狗得了赤化的咒駡;你們害怕了,斷斷然同他們争辯;對於這一類的事情,我們雖然不滿意,也還可以替你們原諒。可是在近來的情形,你們好像[②]是對於帝國主義及其走狗要軟化了,儘少説,很有軟化的嫌疑。國奉兩軍講和之説"甚囂塵上",張之江維持舊禮教的電報又發出來,你們對於帝國主義者及其走狗越來越近,對於民衆就要越來越遠。你們總要知道,你們雖然與其他軍閥同爲武人,而在國人心目中間,却未能一例同視者,有兩個重要的原因:第一,因爲你們的軍紀比較地好,不大擾害人民;第二,因爲你

①編者注:本文原刊猛進1926年3月19日第53期"時事短評",署名虛生。
②編者注:"像",原誤作"想"。

們對於帝國主義者及其走狗,還没有投降;而第二件尤有重大的意義。不惟你們,就是廣東政府所以得全國人民熱烈的同情者,也因爲他們對於英國人的不妥協態度。如果他們變换態度,廣州政府在全國人心目中間,也要失了它的生存的意義。現在帝國主義者及其走狗在中國,勢力還很大,你們的處境很困難,我們全曉得,但是我們對於你們,并没有很大的奢望。你們如果能盡軍人的天職,將帝國主義者的走狗張作霖、吴佩孚輩斬除掉,使國民的生計得以自由發展,那固然再好不過;即使不能,他們的勢力還大,你們抵抗不了他們,那你們暫時全軍而退,回去用兵工政策開發西北,止要你們在這個時候不同帝國主義者及其走狗相妥協,那全國人民對於你們,總保有相當的敬意。再就萬不可能的地方極端地説一句:如果你們肯照上面所説底走去,而全國人民却任惡勢力聯絡起來,去斬除你們,那是全國人民對不起你們,你們却没有對不住國家的地方。可是你們如果走錯了路,妄想同帝國主義者及其走狗相妥協歸結,他們有時候同你們的利害相衝突,也未見得就能饒恕你們,可是人民的恨嫉你們,也要同恨嫉他們一樣。要而言之,現在普通人所説底赤化約有兩種:一種是建樹俄國式的政府,那就是駡你們的人也很知道你們不能那樣作,你們也不必辯,也就同廣東政府并没有怎麼樣辯,而大家全明白一樣;一種是不與帝國主義者及其走狗妥協。如果用第二個的意思,那赤化就是我國民的生機還没有盡死的證據!你們國民軍如果怕那樣的赤化,那就是自外於國民,你們國民軍,在國民的心目中間,也要失了生存的意義。何去何從,止好讓你們的自擇ㄅㄚ。